イル・プルーの
はじめてみよう
1.2.3
アン ドゥ トゥロワ

一年中 いつでもおいしい いろんな 冷たいデザート

イル・プルー・シュル・ラ・セーヌ
椎名眞知子／深堀紀子

はじめに

 アイスクリームやシャーベット、水羊羹に宇治金時のカキ氷にアイスキャンディー、そして小さな頃あこがれたパフェなど…。
皆さんは、お店で買うもの、食べるものだと思っていませんか?
実は私もそうでした。
パフェやアイスキャンディーなんて、フランス菓子教室で教えていませんから、自分で作ることになるとは、考えてもいませんでした。
この本を作るため「こんなパフェを食べてみたい!」と思い描いて、10回以上も試作をしました。何度も何度も作っては食べるをくり返しているうちに、「パフェってなんだったっけ?」なんて迷路にはまり込んでしまったこともありました。
でもできました。シンプルだけど、本当においしい冷たいお菓子の数々が。
皆さんもぜひ楽しんで作ってみてください。きっとお店よりもおいしいデザートが作れますよ。

椎名 眞知子 しいな まちこ

山梨県甲府市生まれ。
1995年より『イル・ブルー・シュル・ラ・セーヌ』スタッフに加わる。翌年渡仏し、パリ『パティスリー・ミエ』、『レストラン・レ・ジョルジック』他で研修。1998年『スーパーJチャンネル』(テレビ朝日系)にレギュラー出演。現在『イル・ブルー・シュル・ラ・セーヌ』フランス菓子・料理教室主任を務める。できるだけ易しいルセット作りに日々取り組み、明るい笑顔で、多くの生徒の方々に本物のおいしさを伝え続けている。

イル・ブルー・シュル・ラ・セーヌにはおいしいお菓子がたくさんあります。この本は、そんなイル・ブルーの味を家庭でも作れるように、しかも初めての方でも戸惑わないように、と考えたものです。

とはいえ、おいしいお菓子を作るためには、おさえるべきいくつかのポイントがあります。注意点はそれぞれ分かりやすいように表記して、写真も掲載しています。初めによく読んで、流れを理解してからお菓子作りを始めてみてください。

きっとご家族やお友達に喜ばれるお菓子ができることと思います。

この本はすごいですよ。この種の本は、おいしさは別にして、とにかく数だけ揃えたものがほとんどです。でも家で作るおやつのためのちょっとしたものだって、素材を知り、心を込めて向き合えば、本当に簡単にとびきりおいしいものができるんです。
この本の様々な味わいを作り出したのは、椎名と深堀です。私の味わいの感覚に合うまで、何度も何度も作り直しました。私の感覚が OK を出したものに、まずいものがあるわけがありません。
ぜひ作ってみてください。本当にオススメの本ですよ。

イル・ブルー・シュル・ラ・セーヌ
オーナー・パティシエ

弓田 亨
ゆみた とおる

深堀 紀子　ふかぼり のりこ

東京都生まれ。
1970 年代後半、赤堀栄養専門学校講師を務める。結婚後、子育てをしながら『イル・ブルー・シュル・ラ・セーヌ』師範資格を習得。都内の料理教室、製菓教室で講師を務めた後、『イル・ブルー・シュル・ラ・セーヌ』フランス菓子教室の講師に。製菓材料店『エピスリー』での講習会も好評。

はじめに……02	よりおいしく作るために……109
目次……04	オススメ材料一覧……112
材料……06	イル・ブルー・シュル・ラ・セーヌのご案内……115
器具……08	
基本の混ぜ方・泡立て方……10	
オーブンについて……11	

Contents 目次

Les desserts populaire

定番の冷たいデザート ……12

- カスタードプリン……13
- 紅茶のプリン……16
- レアチーズケーキ……19
- クレーム・ブリュレ……22
- ブラン・マンジェ……24

Gelée

ゼリー……28

- ゼラチンで作るオレンジゼリー……29
- アガーで作る柑橘ゼリー2種（グレープフルーツ/オレンジ）……31
- ハイビスカスとローズヒップゼリー……34
- フルーツゼリー……36

Les desserts glacés

氷菓……38

- グラス（アイスクリーム）……39
  - バニラ……40
  - ショコラ……42
  - コーヒー……43
  - マロン……44
  - ピスタチオ……45
  - キャラメル……46
  - 抹茶……48
- ソルベ（シャーベット）……49
  - フランボワーズ……50
  - カシス……51
  - 白桃……51
  - パッションフルーツ……52
  - 洋梨……52
- グラニテ……53
  - シャンパン……54
  - レモン……54

Spécial
とっておきの冷たいデザート
　　　　　　…… 56

スフレ・グラッセ …… 57
　　　オレンジ …… 57
　　　カシス …… 60
　　　パッションフルーツ …… 60・62
　　　フランボワーズ …… 63

バナナパフェ …… 65

苺パフェ …… 66

いちじくの白ワイン煮 …… 68

ドライフルーツのコンポート
　　　　　　…… 70

Bavarois, Mousse
ババロアとムース
　　　　　　…… 72

ババロア
　　　ショコラ …… 73
　　　白ワイン …… 76・78
　　　キャラメル …… 77・80
　　　マンゴー …… 82・84
　　　フランボワーズ …… 83・86

ムース
　　　杏 …… 88・90
　　　柚子 …… 89・92
　　　抹茶 …… 94
　　　ココナッツ …… 96

Japonais
和風の冷たいデザート
　　　　　　…… 98

アイスキャンディー …… 99
　　　あずきバー …… 100
　　　ココナッツバー …… 101
　　　マンゴーバー …… 101

カキ氷 …… 102
　　　宇治金時 …… 102
　　　苺ミルク …… 102
　　　マンゴー …… 104
　　　フランボワーズ …… 104
　　　杏 …… 105

水羊羹 …… 106
　　　あずき …… 107
　　　栗 …… 108

ingrédients

材料

お菓子のできあがりを大きく左右する材料は、必ず自分の舌で確かめ、キチンと保存してください。
よい材料を、よい状態で使う、それがおいしいお菓子を作る一番のポイントです。

a 卵

アイスクリームやプリンに使う卵は、味わいのしっかりした濃いものを選んでください。日本の卵はほとんどが魚粉を加えた飼料で育てられた鶏のものですので、少し生臭さが残る場合があります。身近に手に入るものでかまいませんが、できればやさしく甘い香りがある、よい卵をさがしてみてください。
本書では卵をg表記しています。重量の目安はMサイズ1個で全卵50g、卵黄15gです。

b 糖類

お菓子の味わいを豊かにするため、キャソナッドゥ（赤砂糖）、黒糖、蜂蜜を加えることがありますが、ほとんどのお菓子にグラニュー糖を使用します。すぐに手に入るグラニュー糖でもかまいませんが、お菓子作りには、より粒の小さいものを使った方が、早く粒が溶け、均等に混ぜられるので、失敗が少なくなります。

c 凝固剤

本書ではゼラチンは「ゼライス」（マルハ株式会社）、アガーは「パールアガー8」（株式会社富士商事）を使用しています。凝固剤はメーカーによって固まり具合がかなり異なります。
また本書では、初めての方でも安心して作れるように、「ゼライス」1袋5gの分量に合わせた配合を記載しています。
同じものを使うと、本書のできあがりイメージにより近づきますが、他メーカーのものを使っては作れない、という意味合いのものではありません。

d アルコール類

アルコールの味を楽しむためではなく、お菓子の味わいを補うために加えます。主にブランデー類は香りを、リキュール類は香りと味わいを豊かにします。お菓子のできあがりを大きく左右しますので、しっかりした香り、味わいのものを選ぶことが、もちろん一番大切です。

e 香料類

人がお菓子を食べた時に「おいしい」と感じる要素の中に、香りがあります。豊かな香りをもつエッセンス類は、お菓子のおいしさをより印象的にしてくれます。加えなければお菓子がおいしくなくなる、というわけではありませんが、質のよくないエッセンス類は、加えない方がよい場合もあります。自然な香りをもったものを選んでください。

f 生クリーム

基本的には乳脂肪分40〜42%のものを使用します。保存が悪いと、使う前に離水劣化してしまいます。温度管理のしっかりしたお店で買い、購入後使用するまでは、5℃以下の冷蔵庫で保存します。一度でも常温に温まってしまうと、その後冷やしてもおいしさは元にはもどりません。

g ピューレ類

本書では、お菓子のできあがりを一定にするため、フレッシュなフルーツを使わず、フランス産のフルーツピューレを使用しています。フルーツ本来のもつ力強い味わいと香りをそのままに、お菓子に表現できます。冷凍のものは風味の劣化がありますので、冷蔵のものが適しています。

ustensile

器具

正確な計量と材料に合った器具を使うことでお菓子はよりおいしくなります。
本書では、なるべく特殊な器具を使わずに作れるよう配慮しましたが、
最低限必要な器具は揃えてから、お菓子作りを始めてください。

a ステンレスボウル

混ぜ合わせる材料の量が、ボウルの容積の80％くらいになるようにします。少量の材料を混ぜる時には、量に合った小さめのボウルが適しています。

b 深大ボウル

ハンドミキサーでの泡立てに使います。深めで、かつ側面が底に対して垂直に近いものが、ビーターとボウルの間にすき間ができず、効率よくビーターが材料に当たるので、強い泡立ちが得られます。
サイズ：直径20cm×高さ10cm

c 手付き中ボウル

ハンドミキサーでの少量の泡立てに使います。
サイズ：直径14cm×高さ8cm

d ホイッパー

柄が握りやすく、ワイヤーのしっかりしたものを選びます。

e ゴムべら

ゴム部分がかため、やわらかめ、大、小サイズが揃っていると便利です。ムースやババロア、クリームを無駄なく移す時などに使います。ゴムべらは払うものであり、原則として材料を混ぜるためには使いません。

f 木べら

混ぜる時に使います。先が細目のタイプが使いやすいです。

g 刷毛

シロップを打ったりする時に使います。

h パレットナイフ

お菓子の表面にジュレを薄く塗ったり、お菓子を移動させる時などに使います。

i デジタル秤

１g単位で１kgまで量れ、風袋機能がついているものを使います。塩、香料、酒などの計量には0.1g単位の秤が必要です。

j 温度計

温度管理はお菓子作りの最も重要な要素です。記載の温度は、なるべく正確に計ってください。

k ストップウォッチ

泡立てや加熱時間を正確に計るのに使います。本書では泡立て時間を記していますので、キチンと時間を計ることによって、あいまいでない最適な泡立ちが得られます。

l ハンドミキサー

低速・中速・高速の３段階に調節でき、ビーターが２本セットできるものを使います。ビーターは先の方が広がっている形のものが、よく泡立ちます。またビーターの先が細くなっているものでは、十分な泡立ちが得られません。

基本の混ぜ方・泡立て方

ホイッパーの正しい持ち方

親指と中指で持ちます。人さし指はのばして柄に添えるようにしても、引っかけるようにしてもかまいません。

ホイッパーで円を描くように混ぜる

あまり力を入れずに、先端をボウルの底に軽くつけながら、大きく円を描いて混ぜます。基本は10秒に15〜16回、ゆっくりの場合は10秒に10回のペースが目安です。

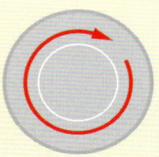

ホイッパーですくい上げるように混ぜる

ボウルの右側からまっすぐ中心を通って底をこすり、さらに左側2/3の高さまでこすり上げ、手首をかえし中央へ動かします。

ホイッパーを直線に往復させる

ボウルを少し傾けて材料をよせて、ホイッパーを直線に往復させて混ぜます。10秒に15〜16往復が基本です。卵黄とグラニュー糖を少し白っぽくなるまで混ぜる時などの混ぜ方です。

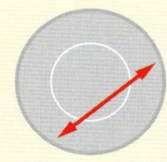

ハンドミキサーで泡立てる

ハンドミキサーはボウルの中で、側面にビーターが軽く当たって、カラカラと音をたてるくらいに、できるだけ大きな円を描くようにまわします。ガラガラと強く当てるとビーターとボウルからステンレスがこすれ落ち、アクが出ます。またボウルの中心部だけを小さくまわしていると、気泡量の少ない、弱くて不均一な泡立ちになります。ハンドミキサーをまわす速度は、10秒に30回程度が理想的です。

ビーター1本で泡立てる

右ききの人はハンドミキサーの左側にビーターをつけて時計回りに、左ききの人は右側にビーターをつけて反時計回りにまわします。左右それぞれのビーターは外側に回転しているので、ハンドミキサー本体をビーターの回転方向と反対方向にまわすことで、よりよく泡立ちます。

ビーター2本で泡立てる

1本の場合と違い、ハンドミキサー本体の回転方向は左右どちらでもかまいません。また、どうしても腕が疲れるようなら途中で回転方向を変えてもかまいません。

オーブンについて

本書では家庭用サイズの電子レンジオーブンとガス高速オーブンの焼成温度と時間を記しています。機種や大きさによる違いがありますので、同じ温度、同じ時間でも焼き上がりは同じにはなりません。
本書に記してあるものはあくまでも目安で、自分のオーブンに適した時間、温度を見つけることが大切です。

原則として予熱は

◉ ガス高速オーブンの場合
　焼成時間 +10℃に設定して、焼成15分前から

◉ 電子レンジオーブンの場合
　焼成時間 +20℃に設定して、焼成30分前から

Les desserts populaire

定番の冷たいデザート

プリン、レアチーズケーキ、ブラン・マンジェ…。みんなが大好きな定番のデザートを、少し丁寧に作ります。
ひとつひとつの作業を「より簡単に」ではなく、「少しだけ丁寧に」進めるだけで、本当においしいデザートになります。そして、誰もが味わったことのある一品だからこそ、おいしさの違いが分かります。
きっと、大好きな人の驚く顔と笑顔に、出会えることでしょう。

カスタードプリン

しっかりほぐした卵に、材料を加えしっかり混ぜ、湯煎焼きでなめらかに焼き上げます。
バニラが香る本格プリン。

カスタードプリン

材料
口径 6.5cm × 底径 4.5cm × 高さ 4cm のプリンカップ　9 個分

キャラメル	
水 a	22 g
グラニュー糖	65 g
水 b	20 g

牛乳	440 g
バニラ棒	2/5 本
全卵	244 g
グラニュー糖	102 g
キャソナッドゥ	34 g
ミルクパウダー	10 g
コニャック	24 g

下準備

❶ バニラ棒を縦に裂いておきます。
（P109 参照）

❷ **キャラメル**を作ります。
1. 厚手の小鍋に水 a とグラニュー糖を入れて、スプーンで混ぜながら弱火で加熱します。大きな泡が消えて煙が立つまで焦がします。
少し赤味の残った深いキャラメル色が目安です。
2. 火を止めてから水 b を加えてスプーンで混ぜます。
水を加えるとかなり激しくキャラメルが飛ぶので、注意してください。

3. プリンカップに**キャラメル**を底が隠れるくらい流し、冷蔵庫で冷やしておきます。
水で薄めてあるのですぐには固まりませんが、作ったらすぐプリンカップに流しておいてください。

イル・ブルーの厳選素材
ミルクパウダー

乳脂肪分 26％の全脂粉乳。
お菓子の味に一層のコクが出ます。

 ## 作りかた

> 牛乳の味わいが失われてしまいますので、強く沸騰はさせないでください。

① 鍋に牛乳を入れ縁がフツフツする（80℃くらい）まで加熱し、バニラ棒を加え1分煮ます。

② ボウルに全卵を入れ、ホイッパーで泡立てないように十分に溶きほぐします。グラニュー糖とキャソナッドゥを加え、なめらかになるまでよく混ぜます。ミルクパウダーを加え同様に混ぜます。

③ 2に1の1/3量を3回に分けて少しずつ加え、円を描くように、10秒に10回くらいの速さで30回ずつ混ぜます。残りは混ぜながら少しずつ加えます。コニャックも加え20回混ぜます。

④ 裏ごしし、泡を取ります。泡はスプーンなどで寄せてすくい、さらにペーパータオルですわせて取ります。

> 焼き上がりの目安は、型の横を叩いて、表面がピンと張ったように軽く揺れるくらい。

⑤ 少し温かいうち（40〜45℃）に冷やしておいたプリンカップに流し入れます。

> 40℃以下に温度が下がっていたら、温めてから流し入れてください。

⑥ 天板に1cmくらい熱湯を注ぎ、オーブンで湯煎焼きします。
- ガス高速オーブン
  予熱 140〜150℃ /
  130〜140℃で35分
- 電子レンジオーブン
  予熱 150〜160℃ /
  130〜140℃で35分

⑦ 粗熱をとり、冷蔵庫で冷やします。

プリンの縁を指ではずし、冷やしておいた皿におき、皿ごとゆすってプリンを出します。
5℃以下の冷蔵庫で3日くらい保存ができます。

紅茶のプリン

2種類の紅茶とカルバドスが香るプリン。
ほかの素材に負けない香りを出すため、
かならずアールグレイは加えます。

材料
口径 6.5cm × 底径 4.5cm × 高さ 4cm のプリンカップ　8 個分

キャラメル
- 水 a ……………………… 20 g
- グラニュー糖 ……………… 80 g
- 水 b ……………………… 20 g

煮出しミルクティー
- 牛乳 ……………………… 700 g
- 紅茶（アールグレイ）……… 25 g
- 紅茶（ダージリンまたは他の紅茶）… 12 g

- 全卵 ……………………… 172 g
- グラニュー糖 ……………… 108 g

- 煮出しミルクティー ……… 387 g

- カルバドス ……………… 30 g

紅茶のソース
- 牛乳 ……………………… 95 g
- 卵黄 ……………………… 20 g
- グラニュー糖 ……………… 20 g
- バニラエッセンス ……… 3 滴 (0.2g)

- 煮出しミルクティー ……… 100 g

- カルバドス ……………… 5 g

下準備

❶ P 14「カスタードプリン」**下準備**❷と同様に**キャラメル**を作り、プリンカップに流し、冷蔵庫で冷やしておきます。
ただし紅茶の味や香りを邪魔しないよう、明るいキャラメル色に。

❷ **煮出しミルクティー**を作ります。
1. 鍋に牛乳を入れて沸騰させ、紅茶 2 種を加えます。ふたたびごく軽く沸騰させ、1 分煮出します。

2. 裏ごしし、紅茶を強く押してしぼり出します。プリン用 387 g とソース用 100 g を量っておきます。

次ページにつづく→

作りかた

1. ボウルに全卵を入れ、ホイッパーで泡立てないように十分に溶きほぐします。グラニュー糖を加え、なめらかになるまでよく混ぜます。

2. **1**に**煮出しミルクティー** 387g の1/3量を3回に分けて少しずつ加え、円を描くように、10秒に10回くらいの速さで30回ずつ混ぜます。残りは混ぜながら少しずつ加えます。カルバドスも加え20回混ぜます。

3. 裏ごしし、泡を取ります。泡はスプーンなどで寄せてすくい、さらにペーパータオルですわせて取ります。

> P 15 「カスタードプリン」**作りかた** ④ 写真参照。

4. 少し温かいうち（40～50℃）に冷やしておいたプリンカップに流し入れます。

> 40℃以下に温度が下がっていたら、温めてから流し入れてください。

5. 天板に1cmくらい熱湯を注ぎ、オーブンで湯煎焼きします。
   - ガス高速オーブン
     予熱150℃ /
     140℃で 40～45分
   - 電子レンジオーブン
     予熱160℃ /
     140℃で30分
     →110℃で 10～15分

> 途中30分でお湯が減っている場合は熱湯を足してください

6. 粗熱をとり、冷蔵庫で冷やします。

> 焼き上がりの目安は、型の横を叩いて、表面がピンと張ったように軽く揺れるくらい。

7. **紅茶のソース**を作ります。

   ① P 27「ブラン・マンジェ」**作りかた 10** の **1～6**と同様に**ソース**を作り、（キルシュは加えません）100gを量ります。
   ② **1**と**煮出しミルクティー** 100g、カルバドスを混ぜ、泡を取ります。泡はスプーンなどで寄せてすくい、さらにペーパータオルですわせて取ります。冷蔵庫で冷やします。

8. プリンを皿に盛り、**ソース**を周りに流します。

レアチーズケーキ

爽やかなチーズクリームを引き立て、全体の味をまとめるのは酸味の強いジャム。
誰もが大好きなチーズケーキができあがります。

レアチーズケーキ

材料
6.5cm × 4.5cm × 高さ3.5cmの
楕円セルクル　14個分

粉ゼラチン（ゼライス）	5 g
冷水	30 g
クリームチーズ	180 g
卵黄	20 g
プレーンヨーグルト	30 g
グラニュー糖	70 g
バニラエッセンス	7滴 (0.6 g)
レモンエッセンス	箸の先3滴

なければ加えなくてかまいません

レモンの皮	1個分
レモン汁	25 g
生クリーム	185 g
フランボワーズジャム または苺ジャム	200 g

なるべく酸味の強いもの

スポンジ生地	適量

飾り
生クリーム	100 g
グラニュー糖	10 g

下準備

❶ 型の準備をします。
1. スポンジ生地を焼き（P110参照）、厚さ1.5cmにスライスし、型で抜きます。
市販のスポンジ生地でもかまいません。
2. スポンジ生地の片面にジャムを塗ります。ジャムを塗った面を上にして型の底に入れ、冷蔵庫で冷やしておきます。

❷ 粉ゼラチンを冷水の中にふり入れて混ぜ、冷蔵庫に入れておきます。

❸ レモンの皮は表面部分だけをすりおろして、4つまみのグラニュー糖（分量外）とよくすり混ぜておきます。（P109参照）

❹ クリームチーズを薄く（5mmくらい）スライスしておきます。

❺ 生クリームを8分立てに泡立て、冷蔵庫で冷やしておきます。（P109参照）

作りかた

作りかた⑦でスムーズに作業を進めるためです。

① 冷水でふやかしておいたゼラチンを40℃くらいの湯煎にかけ、溶かしておきます。

② クリームチーズをボウルに入れ、ハンドミキサー（ビーター2本）の速度1番でほぐします。

③ 卵黄を3回に分けて加えます。速度1番で混ぜながら、なめらかな状態にします。

④ プレーンヨーグルトを加え、速度2番で混ぜます。さらにグラニュー糖を加え、速度2番で混ぜます。

⑤ バニラエッセンス、レモンエッセンス、レモンの皮のすりおろしを加え、速度2番で混ぜます。

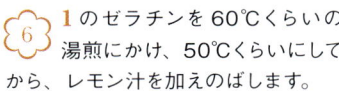 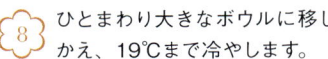

⑥ 1のゼラチンを60℃くらいの湯煎にかけ、50℃くらいにしてから、レモン汁を加えのばします。

⑦ 6を5に加え、速度3番で混ぜます。

⑧ ひとまわり大きなボウルに移しかえ、19℃まで冷やします。

> ボウルを移しかえることで、下の方まで十分に混ざります。

⑨ 8分立ての生クリームの1/2量を加え、ホイッパーで底からすくい上げるように手早く混ぜます。だいたい混ざったら円を描くように30回混ぜます。残りも同様に加え混ぜ、だいたい混ざってからさらに30回混ぜます。

⑩ 冷えたボウルに移しかえ、ホイッパーで円を描くように20回混ぜます。

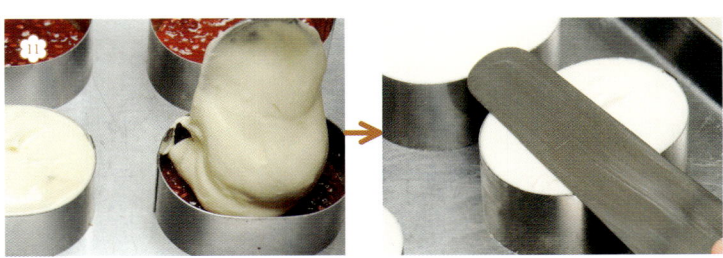

⑪ 冷やしておいた型に入れ、パレットナイフで平らにします。冷蔵庫で冷やし固めます。

⑫ 熱くしたタオルでまわりを温めて型からはずし、やっと角が立つくらいの9分立てにした生クリームを飾ります。

fin

フランボワーズか苺のジャムを裏ごしして、少量の水でのばしてやわらかくしたソースを添えてもおいしくいただけます。

クレーム・ブリュレ

ねっとり濃厚な味わいとシナモンの香りがおいしい一品。
キャラメリゼを「パリン」と割る楽しみもおいしさの一つです。

材料　直径10cm×高さ2.5cmのキッシュ型　8個分

A
- 生クリーム ……… 445 g
- 牛乳 …………… 148 g
- バニラ棒 ………… 1本
- シナモンスティック … 1本
- シナモンパウダー … 0.3 g

- 卵黄 …………… 142 g
- キャソナッドゥ a … 84 g
- キャソナッドゥ b … 適量

下準備

① バニラ棒を縦に裂いておきます。
（P109参照）

作りかた

① 鍋に**A**を入れ、縁がフツフツする（80℃）まで加熱します。

> シナモンスティックは砕いて入れてください。

② ボウルに卵黄とキャソナッドゥ a を入れ、ホイッパーを直線に往復させ、白っぽくなるまで十分に混ぜます。

③ **1**からバニラ棒とシナモンスティックを取り、**2**に1/3量を3回に分けて少しずつ加え、円を描くようによく混ぜます。残りは混ぜながら少しずつ加えます。

> 泡をていねいに取ると、キャラメリゼがきれいに仕上がります。
> P 15「カスタードプリン」**作りかた** ④ 写真参照。

④ 裏ごしし、泡を取ります。泡はスプーンなどで寄せてすくい、さらにペーパータオルですわせて取ります。

⑤ 型の9分目まで流し入れます。

⑥ 天板に1cmくらい熱湯を注ぎ、オーブンで湯煎焼きします。
- 🔥 ガス高速オーブン
  予熱150℃/140℃で20分
- 〰 電子レンジオーブン
  予熱170℃/150℃で20分

⑦ 粗熱をとり、冷蔵庫で冷やします。

> 焼き上がりの目安は、型を揺すっても動かなくなるくらい。

⑧ キャソナッドゥ b を茶こしで全面にふりかけ、キャラメリゼします。スプーンを熱く熱しキャソナッドゥを焦がします。

> 熱したスプーンの取扱いには、十分注意してください！！！

おいしい たべかた

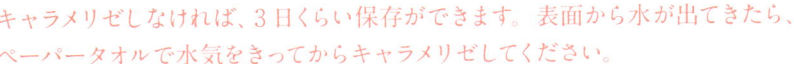

キャラメリゼしなければ、3日くらい保存ができます。表面から水が出てきたら、ペーパータオルで水気をきってからキャラメリゼしてください。

ブラン・マンジェ

アーモンドスライスを贅沢に使って作ります。
一度食べたら忘れられない優しい舌触りは、今もこれからもイル・ブルーの自慢。

材料　口径 6.5cm × 底径 4.5cm × 高さ 4cm のプリンカップ　8個分

粉ゼラチン（ゼライス）	5 g
冷水	30 g
牛乳	380 g
水	75 g
アーモンドスライス	150 g
グラニュー糖	120 g
サワークリーム	35 g
牛乳	適宜
キルシュ	15 g
生クリーム	75 g

ソース

牛乳 a	140 g
卵黄	30 g
グラニュー糖	30 g
キルシュ	10 g
バニラエッセンス	4 滴 (0.3g)
牛乳 b	120 g

イル・ブルーの厳選素材
キルシュ

さくらんぼうの糖分を発酵させ、2 度蒸留し熟成させたもの。明るく楽しい香りにはリズム感があります。

下準備

❶ 粉ゼラチンを冷水の中にふり入れて混ぜ、冷蔵庫に入れておきます。

❷ プリンカップを冷蔵庫で冷やしておきます。

作りかた

① 鍋に牛乳と水を入れて沸騰させ、アーモンドスライスを加えます。ふたたび沸騰させたら弱火にし、軽くフツフツと 2 分煮ます。

> 最初からグラニュー糖を加えると、アーモンドの旨みが十分に牛乳に出ません。まずグラニュー糖を加えずに煮ます。

② グラニュー糖、サワークリームを加え、沸騰させたら弱火にし、軽くフツフツと 2 分煮ます。

③ 裏ごしし、アーモンドを強く押して牛乳をしぼり出します。

> 目の細かいふるいでこし、小さなボウルなどで押すとしぼり出しやすいです。

次ページにつづく→

4 冷水でふやかしておいたゼラチンを加えます。よく混ぜてゼラチンを溶かします。

5 500gになるよう牛乳を加えます。

6 氷水につけ、ホイッパーで手早く、ボウルの底を軽くこするように混ぜ40℃まで冷まします。キルシュを加え、同様に混ぜ10℃まで冷まします。

7 氷水につけたボウルで、生クリームを4分立てまで泡立てます。

> かすかにとろみがついた状態です。

8 7に6を5回に分けて加え、ホイッパーで円を描くように混ぜます。すべて加えたら氷水につけ、木べらを前後に動かして5℃まで冷まします。

> ホイッパーで混ぜ続けると、上の方に浮いている軽い生クリームが混ざりません。生クリームと合わせたあとは、必ず木べらで混ぜてください。生クリームがキチンと混ざってとろみがつき、艶が出てツルンとした状態になります。

9 冷やしておいたプリンカップに流し入れます。冷蔵庫で4〜5時間冷やし固めます。

次にソースを作ります

⑩ **ソース**を作ります。

① 鍋に牛乳aを入れ、縁がフツフツする（80℃くらい）まで加熱します。

② ボウルに卵黄とグラニュー糖を入れ、ホイッパーを直線に往復させ、白っぽくなるまで十分に混ぜます。

③ 2に1を3回に分けて加え、ホイッパーで円を描くようによく混ぜます。

④ 90℃くらいの湯煎にかけ、木べらを前後に動かし、75〜80℃まで加熱します。

> 鍋で沸騰させた湯を弱火にかけながら湯煎すると、効率よく加熱ができます。

⑤ 裏ごしし、氷水につけて5℃まで冷まします。

⑥ キルシュ、バニラエッセンスを加えます。

⑦ 牛乳bを加え混ぜます。

冷やしておいた皿に出し、ソースを添えていただきます。
5℃以下の冷蔵庫で3日くらい保存ができます。

Gelée

ゼリー

主にアガーを使ってゼリーを作ります。ゼラチンよりも軽い弾力でやわらかいゼリーになります。オレンジでゼラチンとアガーの食感の違いを楽しんでみてください。
溶かして冷やして固めるだけ。一番失敗の少ないデザートです。でもちょっとしたポイントを見逃すと、本来の味や香りがなくなってしまうので、注意しながら作ってみてください。

ゼラチンで作る
オレンジゼリー

漬け込みのオレンジを使って作る、ふるふるトロンのゼリー。
アカシアの蜂蜜で甘みと香りをプラスします。

ゼラチンで作る
オレンジゼリー

材料
口径 6.5cm × 高さ 4.5cm の
ゼリーカップ　5 個分

オレンジの漬け込み
- 水 ……………………………… 50 g
- グラニュー糖 ………………… 10 g
- 蜂蜜（アカシア）…………… 20 g
- レモン汁 …………………… 3～4 g
- オレンジ ………… 約 1 個分 (100g)

- 粉ゼラチン（ゼライス）……… 5 g
- 冷水 …………………………… 30 g

- オレンジジュース（果汁 100%）… 285 g
  市販品を使用
- グラニュー糖 ………………… 50 g
- 蜂蜜（アカシア）…………… 30 g
- レモン汁 ……………………… 10 g

下準備

❶ **オレンジの漬け込み**を作ります。
1. 鍋に水とグラニュー糖を入れ、混ぜてから軽く沸騰させます。火を止めて、蜂蜜とレモン汁を加え混ぜ、冷蔵庫で冷やしておきます。
2. オレンジは皮をむき、実を一房ずつに切り、2～3 等分にします。

3. 1 に 2 のオレンジの実を漬け、ラップをして冷蔵庫で 2～3 時間冷やしておきます。

❷ 粉ゼラチンを冷水の中にふり入れて混ぜ、冷蔵庫に入れておきます。

❸ 器を冷蔵庫で冷やしておきます。

作りかた

☆1　鍋にオレンジジュース（果汁 100%）とグラニュー糖を入れ、混ぜてからごく軽く沸騰させます。

☆2　火を止めて、冷水でふやかしておいたゼラチンを加えます。よく混ぜてゼラチンを溶かします。

☆3　蜂蜜とレモン汁を加え混ぜます。氷水につけ、ゴムべらでゆっくり混ぜながら、少しとろんとする（5℃以下）まで冷まします。

> 漬け汁は使いません。

☆4　**オレンジの漬け込み**をこして、汁をきります。

☆5　3 に 4 のオレンジの実を加えて混ぜ、冷やしておいた器に流し入れます。冷蔵庫で 2～3 時間冷やし固めます。

アガーで作る
柑橘ゼリー2種（グレープフルーツ/オレンジ）

それぞれ生の果汁と100%ジュースを使った2種類の柑橘ゼリー。皮をくり抜いて作った器で、贈りものにも最適

グレープフルーツ

材料 グレープフルーツの皮の器 約4個分

生グレープフルーツ果汁
　　　　　　　　………約中3個分（300g）
生グレープフルーツ果肉／皮のすりおろし
　　　　　　　　………約中1/2個分
グレープフルーツジュース（果汁100％）
　　　　　　　　………300g
市販品を使用
グラニュー糖 …………………80g
アガー（パールアガー8）………22g
レモン汁 …………………………18g
オレンジキュラソー ……………30g

下準備

❶ グレープフルーツを縦半分に切り、切り込みを入れて（下図参照）生果汁を300g絞ります。薄皮を手で取り、皮の器を作ります。

> 大きさや季節によって果汁の量は違います。また果汁が冷たすぎると、**作りかた** ☆ でモロモロに固まってしまうので、グレープフルーツは冷蔵庫からしばらく出しておいてください

❷ グレープフルーツの皮は表面部分だけをすりおろして、4つまみのグラニュー糖（分量外）とよくすり混ぜておきます。

❸ ❷のグレープフルーツの皮をむき、果肉をほぐします。❶の皮の器4個に約20gずつ入れておきます。

切り込み図

作りかた

☆1 鍋にグレープフルーツジュース（果汁100％）を入れ、軽く沸騰させます。

> アガーは80℃以上にならないと溶けないので、軽く沸騰させます。

☆2 ボウルにグラニュー糖とアガーを入れ、よく混ぜ合わせ、**1**を加えよく混ぜます。

☆3 **2**を鍋に入れ、生グレープフルーツ果汁を加え、75℃まで加熱します。

> 果汁を加えると温度が下がるので、加熱して全体がよく混ざるようにします。

☆4 グレープフルーツの皮のすりおろしとレモン汁を合わせたものと、オレンジキュラソーを加え、手早く混ぜます。

☆5 皮の器を倒れないように固定し、**4**を流し入れ冷やし固めます。

おいしい たべかた

常温でもかたまりますが、冷蔵庫に入れて冷たくするとより一層おいしくいただけます。

オレンジ

ポイントはP32「グレープフルーツ」を参照してください。

イル・ブルーの厳選素材
オレンジコンパウンド

天然の素材を中心に使って作られた、極めてナチュラルな状態のコンパウンド。加えることで味や香りが強くなり、自然な風味を表現することができます。

材料 オレンジの皮の器 約6個分

生オレンジ果汁	約中4個分（250 g）
オレンジジュース（果汁100%）	250 g
市販品を使用	
グラニュー糖	72 g
アガー（パールアガー8）	16 g
レモンの皮	1/3個分
レモン汁	32 g
オレンジコンパウンド	6 g
オレンジキュラソー	37 g

下準備

❶ P32「グレープフルーツ」下準備❶と同様に生果汁を絞り、皮の器を作っておきます。

❷ レモンの皮は表面部分だけをすりおろして、ひとつまみのグラニュー糖（分量外）とよくすり混ぜておきます。（P109参照）

作りかた

1. 鍋にオレンジジュース（果汁100%）を入れ、軽く沸騰させます。

2. ボウルにグラニュー糖とアガーを入れ、よく混ぜ合わせ、**1**を加えよく混ぜます。

3. **2**を鍋に入れ、生オレンジ果汁を加え、75℃まで加熱します。

4. レモンの皮のすりおろしとレモン汁を合わせたものと、オレンジコンパウンド、オレンジキュラソーを加え、手早く混ぜます。

5. 皮の器を倒れないように固定し、**4**を流し入れ冷やし固めます。

ハイビスカスとローズヒップゼリー

フランボワーズリキュールが入った、ハーブの香り高いちょっぴり大人のゼリー。
フランボワーズの実もアクセント。

材料　口径6.5cm×高さ4.5cmのゼリーカップ　6個分

ハイビスカス、ローズヒップティー
- 水 ……………………… 600 g
- ハイビスカス …………… 6 g
- ローズヒップ …………… 5 g

ゼリー
- ハイビスカス、ローズヒップティー … 380 g
- グラニュー糖 …………… 97 g
- 上白糖 …………………… 15 g
- アガー（パールアガー8） … 11 g
- レモン汁 ………………… 15 g
- キルシュ ………………… 12 g
- フランボワーズリキュール … 18 g

冷凍フランボワーズ ……… 18粒

ソース
- コーンスターチ ………… 5 g
- ハイビスカス、ローズヒップティー … 120 g
- グラニュー糖 …………… 45 g
- レモン汁 ………………… 8 g
- フランボワーズリキュール … 8 g

下準備

❶ **ハイビスカス、ローズヒップティー**を作ります。

1. 鍋に水を入れて加熱します。沸騰したら弱火にし、ハイビスカスとローズヒップを加え混ぜ、フタをして5分煮出します。火を止めて5分蒸らします。

2. 裏ごしし、ゼリー用380gとソース用120gを量っておきます。ソース用は冷やしておきます。

作りかた

1. 鍋に**ハイビスカス、ローズヒップティー** 380gを入れ、軽く沸騰させます。

2. ボウルにグラニュー糖と上白糖とアガーを入れ、よく混ぜ合わせ、1を加えよく混ぜます。

3. レモン汁、キルシュ、フランボワーズリキュールを加え混ぜます。

4. 冷凍フランボワーズを3粒ずつ入れた器に、3を流し入れ冷やし固めます。

5. **ソース**を作ります。
☆ 小鍋にコーンスターチを入れ、**ハイビスカス、ローズヒップティー** 120gを少しずつ加えてよく混ぜます。グラニュー糖を加えて加熱し、軽く沸騰したら弱火にして10秒煮ます。
☆ 火を止め粗熱がとれたら、レモン汁、フランボワーズリキュールを加え混ぜ、冷蔵庫で冷やしておきます。

6. ゼリーに**ソース**を適量かけます。

フルーツゼリー

スペアミントを贅沢に使いました。
フルーツの甘みと酸味の中に、スーッとミントが香ります。
ミントの葉は蒸らし過ぎないように注意して。

材料　口径6.5cm×高さ4.5cmのゼリーカップ　4個分

スープ
- 水　　　　　　　　300 g
- グラニュー糖　　　 30 g
- レモンの皮　　　 2/3個分
- バニラ棒　　　　 1/3本
- クローヴ　　　　　 1個
- スペアミントの葉　 10 g

ゼリー
- スープ　　　　　　300 g
- グラニュー糖　　　 35 g
- アガー（パールアガー8）　8 g
- オレンジコンパウンド　2 g
- レモン汁　　　　　　5 g
- パッションフルーツピューレ　17 g

- マンゴー　　　　　 1/2個（45 g）
- キウイフルーツ　　 1/2個（45 g）
- 苺　　　　　　　　 4〜5粒（45 g）
- スペアミントの葉　 20枚（1 g）

下準備

❶ **スープ**を作ります。
1. 鍋にスペアミント以外の材料を入れ、軽く沸騰させます。レモンの皮は縦にむいて、バニラ棒は縦に裂いて加えます。（P109参照）
2. 沸騰したらすぐに火を止め、スペアミントの葉を加え、フタをして5分蒸らします。 
3. スペアミントの葉だけを取り出します。さらに30分蒸らし、裏ごしします。

❷ 作る直前に、マンゴー、キウイフルーツ、苺はそれぞれ5mm角、スペアミントの葉20枚をみじん切りに切っておきます。

作りかた

1. 鍋に**スープ**300gを入れ、軽く沸騰させます。
2. ボウルにグラニュー糖とアガーを入れ、よく混ぜ合わせ、**1**を加えよく混ぜます。 
3. オレンジコンパウンドとレモン汁を合わせたものを加え、よく混ぜます。
4. パッションフルーツピューレを加えよく混ぜます。 
5. 冷たい水につけて冷まします。粗熱がとれたら、切ったマンゴー、キウイフルーツ、苺とスペアミントの葉を加え、混ぜながらとろみをつけます。
6. とろみがついたら器に流し入れ冷やし固めます。

> 急激に冷えないように、氷水ではなく必ず冷たい水で冷ましてください。

Les desserts glacés

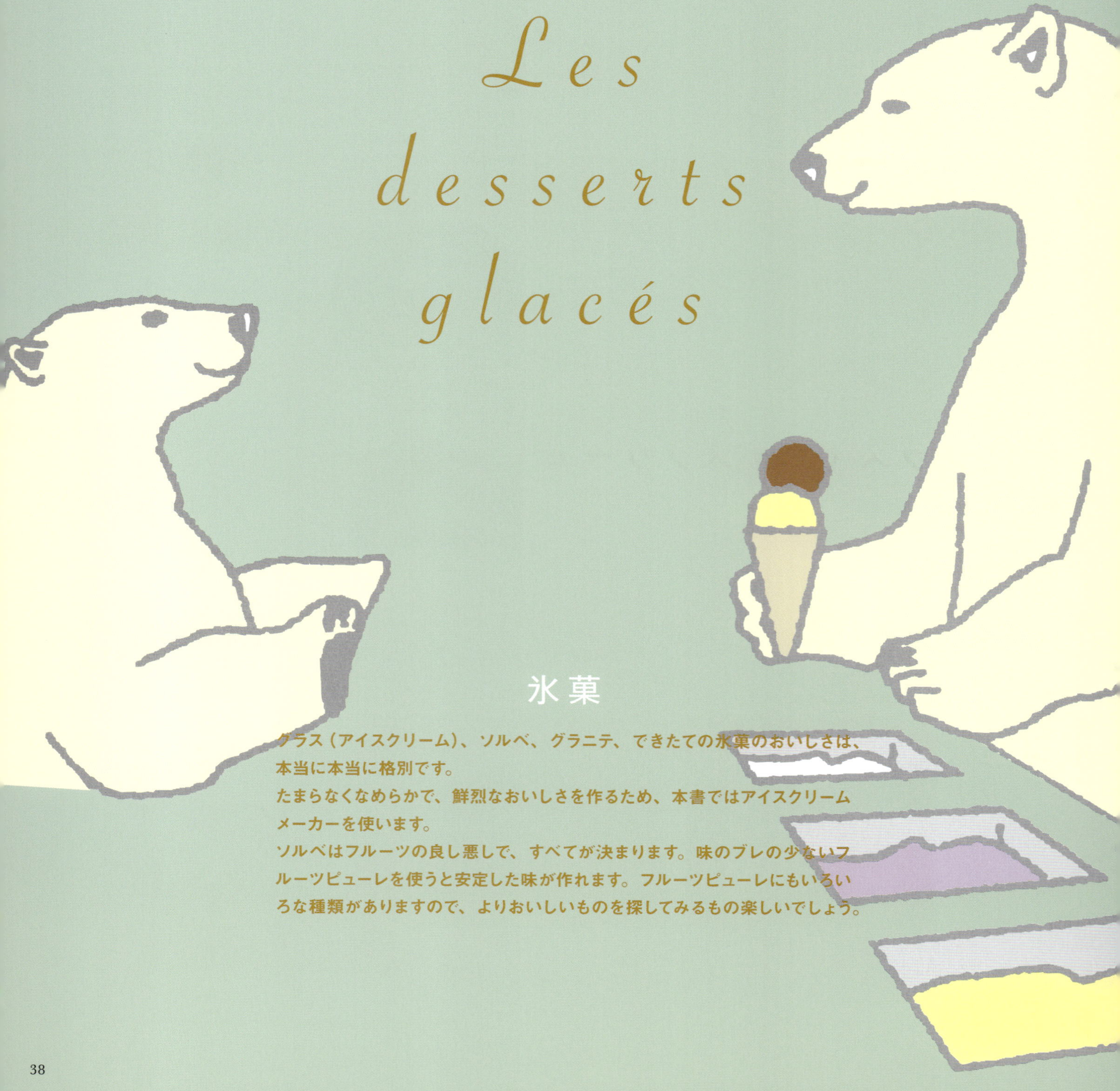

氷菓

グラス（アイスクリーム）、ソルベ、グラニテ、できたての氷菓のおいしさは、本当に本当に格別です。
たまらなくなめらかで、鮮烈なおいしさを作るため、本書ではアイスクリームメーカーを使います。
ソルベはフルーツの良し悪しで、すべてが決まります。味のブレの少ないフルーツピューレを使うと安定した味が作れます。フルーツピューレにもいろいろな種類がありますので、よりおいしいものを探してみるもの楽しいでしょう。

グラス（アイスクリーム）

とにかく全ての材料を細かく丁寧に混ぜる。
それが、なめらかでシャープな舌触りと口解けを作り出す大事なポイント。

グラスの基本のレシピ
バニラ

材料 4人分

A
- 牛乳 ………………… 226 g
- 生クリーム ………… 86 g
- 水飴 ………………… 40 g
- バニラ棒 …………… 1/3 本

- 卵黄 ………………… 60 g
- グラニュー糖 ……… 60 g

下準備

1. アイスクリームメーカーの冷却器を冷凍庫に入れ、冷やしておきます。お手持ちのアイスクリームメーカーの取扱い説明書に従ってください。

2. バニラ棒を縦に裂いておきます。（P109 参照）

アイスクリームメーカーは回転が速い方が、よりなめらかに仕上がります。

作りかた

{1} 鍋にAを入れ、縁がフツフツする（80℃くらい）まで加熱します。

{2} ボウルに卵黄とグラニュー糖を入れ、ホイッパーを直線に往復させ、白っぽくなるまで十分に混ぜます。

{3} 2に1の1/3量を3回に分けて少しずつ加え、ホイッパーで円を描くようによく混ぜます。残りは手早く混ぜながら少しずつ加えます。

{4} 90℃くらいの湯煎にかけ、強く混ぜながら83℃まで加熱し、ドロッとしたとろみを十分につけます。

> 鍋で沸騰させた湯を弱火にかけて湯煎すると、効率よく加熱できます。

{5} 裏ごしします。

{6} 氷水につけ、強く混ぜながら20℃まで冷まします。

> ここでよく混ぜながら冷まさないと、なめらかな口溶けが得られません。

{7} 冷蔵庫で4時間以上やすませます。

{8} アイスクリームメーカーにかけます。

> 白っぽくなって、盛り上がってきたらできあがりです。

おいしい たべかた

かたくなったら、冷凍庫で冷やしておいたマグカップに入れ、大きめのスプーンで空気を入れるように練り混ぜます。なめらかでふっくらとしたおいしさが楽しめます。

ショコラ

ポイントはP40「バニラ」を参照してください。

材料 4人分

A
- 牛乳 ……………… 223 g
- 生クリーム ……… 64 g
- 水飴 ……………… 38 g
- バニラ棒 ………… 2/5 本
- クローブ ………… 1/3 個

- 卵黄 ……………… 28 g
- グラニュー糖 …… 26 g

- ココア …………… 6 g

- セミスイートチョコレート … 47 g
- カカオ・パートゥ ……… 25 g

下準備

1. アイスクリームメーカーの冷却器を冷凍庫に入れ、冷やしておきます。
   お手持ちのアイスクリームメーカーの取扱い説明書に従ってください。

2. バニラ棒を縦に裂いておきます。（P109参照）

3. セミスイートチョコレートとカカオ・パートゥを細かく刻んでおきます。

作りかた

1. 鍋にAを入れ、縁がフツフツする（80℃くらい）まで加熱します。

2. ボウルに卵黄とグラニュー糖を入れ、ホイッパーを直線に往復させ、白っぽくなるまで十分に混ぜます。

3. 2に1の1/3量を3回に分けて少しずつ加え、ホイッパーで円を描くようによく混ぜます。残りは手早く混ぜながら少しずつ加えます。

4. ココアを加えよく混ぜます。

5. 90℃くらいの湯煎にかけ、強く混ぜながら83℃まで加熱し、ドロッとしたとろみを十分につけます。

6. 湯煎からはずし、細かく刻んだセミスイートチョコレートとカカオ・パートゥを加えよく混ぜます。

7. P41「バニラ」作りかた5～8と同様に作ります。

fin

イル・ブルーの厳選素材
カカオ・パートゥ

カカオマス100％。ローストしたカカオ豆から繊維分だけを取り除いたもの。甘味を抑えたい時やチョコレートの味をもっと強くしたい時に加えます。

コーヒー

ポイントはP40「バニラ」を参照してください。

材料 4人分

牛乳	333 g
コーヒー豆（キリマンジャロ）	8 g
コーヒー豆（モカ）	8 g
生クリーム	83 g
水飴	42 g
卵黄	67 g
グラニュー糖	67 g
インスタントコーヒー（粉末）	5 g
コーヒーエッセンス	4 g

なければインスタントコーヒー 2g をお湯 3g で溶いたもので代用

下準備

① アイスクリームメーカーの冷却器を冷凍庫に入れ、冷やしておきます。
お手持ちのアイスクリームメーカーの取扱い説明書に従ってください。

作りかた

1. 鍋に牛乳を入れ、軽く沸騰させます。火を止め、コーヒー豆2種を加えます。フタをして30分蒸らし、コーヒー豆を取り出します。

   > 蒸らすことで牛乳にコーヒーの香りを移します。

2. 1に生クリームと水飴を加え、縁がフツフツする（80℃くらい）まで加熱します。

3. ボウルに卵黄とグラニュー糖を入れ、ホイッパーを直線に往復させ、白っぽくなるまで十分に混ぜます。

4. 3に2の1/3量を3回に分けて少しずつ加え、円を描くようによく混ぜます。残りは手早く混ぜながら少しずつ加えます。

5. 90℃くらいの湯煎にかけ、強く混ぜながら83℃まで加熱し、ドロッとしたとろみを十分につけます。

6. 湯煎からはずし、インスタントコーヒーを加えよく混ぜます。

7. 裏ごしします。

8. 氷水につけ、強く混ぜながら40℃まで冷まし、コーヒーエッセンスを加え混ぜます。さらに20℃まで冷まします。

9. 冷蔵庫で4時間以上やすませます。

10. アイスクリームメーカーにかけます。

fin

イル・ブルーの厳選素材
コーヒーエッセンス

コーヒー豆から抽出したエキスを使用したコーヒーのエッセンス。しっかりとした厚みのある長い香りが特徴です。

マロン

ポイントはP 40「バニラ」を参照してください。

材料 4人分

A
- 牛乳 …………… 172 g
- 生クリーム …………… 85 g
- 水飴 …………… 23 g
- バニラ棒 …………… 1/3 本

- 卵黄 …………… 57 g
- グラニュー糖 …………… 16 g

- パートゥ・ドゥ・マロン …………… 100 g

- ダークラム a …………… 14 g
- ダークラム b …………… 11 g

下準備

① アイスクリームメーカーの冷却器を冷凍庫に入れ、冷やしておきます。
お手持ちのアイスクリームメーカーの取扱い説明書に従ってください。

② バニラ棒を縦に裂いておきます。（P109 参照）

③ ダークラム a を 1/2 量の 7 g に煮つめておきます。

作りかた

1. P41「バニラ」作りかた 1〜4 と同様に作ります。

2. パートゥ・ドゥ・マロンを加えよく混ぜ、裏ごしします。

3. 氷水につけ、強く混ぜながら 40℃まで冷まし、ダークラム a、b を加え混ぜます。さらに 20℃まで冷まします。

4. 冷蔵庫で 4 時間以上やすませます。

5. アイスクリームメーカーにかけます。

イル・ブルーの厳選素材
パートゥ・ドゥ・マロン

栗の含有量 80％のマロンペースト。糖度 55 度。
非常に風味があり、保存料、着色料を使わない最高の自然食品です。

ピスタチオ

ポイントはP40「バニラ」を参照してください。

材料　4人分

A
- 牛乳 ………………… 226 g
- 生クリーム ………… 86 g
- 水飴 ………………… 35 g
- バニラ棒 …………… 1/3本

- 卵黄 ………………… 60 g
- グラニュー糖 ……… 55 g

- パートゥ・ドゥ・ピスターシュ … 35 g

- ビターアーモンドエッセンス
  …………… 竹串の先10滴
  なければ加えなくてかまいません

- ピスタチオ ………… 13 g

下準備

❶ アイスクリームメーカーの冷却器を冷凍庫に入れ、冷やしておきます。
お手持ちのアイスクリームメーカーの取扱い説明書に従ってください。

❷ バニラ棒を縦に裂いておきます。（P109参照）

❸ ピスタチオを2mm角に刻んでおきます。

作りかた

1. P41「バニラ」作りかた1～4と同様に作ります。

2. 木べらでよくのばしたパートゥ・ドゥ・ピスターシュを加えよく混ぜ、裏ごしします。

3. 氷水につけ、強く混ぜながら40℃まで冷まし、ビターアーモンドエッセンスを加え混ぜます。さらに20℃まで冷まします。

4. 冷蔵庫で4時間以上やすませます。

5. アイスクリームメーカーにかけます。7割くらい盛りあがったら、刻んだピスタチオを加え、ふたたびアイスクリームメーカーにかけて仕上げます。

イル・ブルーの厳選素材
パートゥ・ドゥ・ピスターシュ

ペースト状にしたピスタチオにビターアーモンドエッセンス、グラニュー糖を加えたもの。
アイスだけではなく、ババロア、バタークリームなどに加えても、とても個性的なピスタチオのお菓子になります。

キャラメル

ポイントはP 40「バニラ」を参照してください。

材料 4人分

- クラクラン …… 53 g 使用
  - 水 …………………… 33 g
  - グラニュー糖 …… 100 g
  - バニラ棒 ………… 1/10 本
  - アーモンドダイス …… 100 g

- バーズキャラメル
  - 生クリーム ………… 25 g
  - 水 a ………………… 7 g
  - グラニュー糖 ……… 58 g
  - 水 b ………………… 20 g

- A
  - 牛乳 ……………… 222 g
  - 生クリーム ……… 117 g
  - 水飴 ……………… 26 g
  - バニラ棒 ………… 1/3 本

- 卵黄 ………………… 60 g
- グラニュー糖 ……… 44 g

下準備

❶ アイスクリームメーカーの冷却器を冷凍庫に入れ、冷やしておきます。
お手持ちのアイスクリームメーカーの取扱い説明書に従ってください。

❷ バニラ棒を縦に裂いておきます。（P109 参照）

作りかた

1 クラクランを作ります。

① 厚手の鍋に水、グラニュー糖、バニラ棒を入れ、泡が細かく出る（108〜110℃）まで加熱します。すぐに火を止めてアーモンドダイスを入れます。

> 108〜110℃の分かりやすい目安は、木べらなどでとって指につけ、のばしてみて1cm 糸をひくくらいです。

② 木べらですりつぶすように混ぜます。次第にグラニュー糖が再結晶して、固まってきます。さらにすりつぶすように混ぜアーモンドを一粒ずつにばらします。

③ バニラ棒を取り出して弱火にかけ、鍋の底をゆっくりこすりながら煎ります。

> 決して火は強めないでください。グラニュー糖を溶かしすぎるとアーモンドが離れにくくなります。
> 煎り加減はかなり濃い目の褐色です。余熱で色がつくことを考えて、少し手前の色づきで火を止めて、冷めてバラバラになるまで混ぜ続けてください。

{2} **バーズキャラメル**を作ります。

{1} 鍋に生クリームと水 a を入れて、縁がフツフツする（80℃くらい）まで加熱しておきます。

{2} 厚手の小鍋にグラニュー糖、水 b を入れて、スプーンで混ぜながら弱火で加熱し、焦がします。

{3} ホイッパーで混ぜながら 2 に 1 を加え混ぜます。

焦がし具合は、少しだけ赤味が残っているくらいの濃い目です。アイスクリームに入れるキャラメルは、十分に深く焦がさないとカラッとした味わいが出ません。

{3} P 41「バニラ」作りかた 1〜7 と同様に作ります。

{4} **バーズキャラメル**に 3 を少量加えのばしてから 3 に加え、ホイッパーで混ぜます。

{5} アイスクリームメーカーにかけます。7割くらい盛りあがったら、30分くらい冷凍庫で冷やしておいた**クラクラン**を加え、ふたたびアイスクリームメーカーにかけて仕上げます。

fin

イル・ブルーの厳選素材
アーモンドダイス

油脂分の多いマルコナ種のアーモンド。スペイン内陸部のカタルーニャ地方・レリダ産。
味わい、香りが非常に豊かで、お菓子にした時に新鮮な味わいが長続きするのが特徴です。

おいしい たべかた

クラクランを加えるとより一層の美味しさが味わえます。
加えなくてもかまいませんが、ひと手間かけて作ってみてください。

47

抹茶

ポイントはP40「バニラ」を参照してください。

材料 4人分

A
- 牛乳 ……………… 226 g
- 生クリーム ………… 86 g
- 水飴 ………………… 40 g
- バニラ棒 …………… 1/3 本

- 卵黄 ………………… 45 g
- グラニュー糖 ……… 70 g

- 抹茶 ………………… 6 g
  本書では「寶相華―ほうそうげん―」
  （宇治すみよ園）を使用
- 水 …………………… 12 g

- キルシュ …………… 10 g
- オレンジコンパウンド … 1.8 g

下準備

❶ アイスクリームメーカーの冷却器を冷凍庫に入れ、冷やしておきます。
お手持ちのアイスクリームメーカーの取扱い説明書に従ってください。

❷ バニラ棒を縦に裂いておきます。（P109 参照）

作りかた

1. P41「バニラ」作りかた 1～4 と同様に作ります。

2. 水で溶いた抹茶を加えよく混ぜ、裏ごしします。

3. 氷水につけ、強く混ぜながら 40℃まで冷まし、キルシュ、オレンジコンパウンドを加え混ぜます。さらに 20℃まで冷まします。

4. 冷蔵庫で 4 時間以上やすませます。

5. アイスクリームメーカーにかけます。

fin

ソルベ（シャーベット）

おいしさへの近道は、おいしい果汁で作ること、
ただそれだけです。
できたてのシンプルなおいしさを召し上がれ。

ソルベの基本のレシピ
フランボワーズ

材料 4人分

フランボワーズピューレ⋯ 250 g
水⋯⋯⋯⋯⋯⋯⋯⋯⋯⋯ 108 g
グラニュー糖⋯⋯⋯⋯⋯⋯ 55 g
粉末水飴⋯⋯⋯⋯⋯⋯⋯⋯ 27 g
なければ水飴を同量使用
ブドウ糖⋯⋯⋯⋯⋯⋯⋯⋯ 9 g
レモン汁⋯⋯⋯⋯⋯⋯⋯⋯ 6 g

下準備

❶ アイスクリームメーカーの冷却器を冷凍庫に入れ、冷やしておきます。
お手持ちのアイスクリームメーカーの取扱い説明書に従ってください。

作りかた

1. 材料をすべてホイッパーでよく混ぜ合わせます。

2. アイスクリームメーカーにかけます。

白っぽくなって、盛り上がってきたらできあがりです。

fin

カシス

材料 4人分

カシスピューレ .... 250 g
水 .... 156 g
グラニュー糖 .... 96 g
粉末水飴 .... 22 g
なければ水飴を同量使用
ブドウ糖 .... 11 g
レモン汁 .... 10 g

下準備 & 作りかた

ともにP50「フランボワーズ」と同様に作ります。

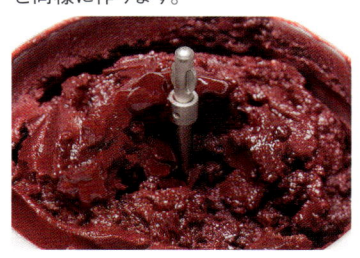

白桃

材料 4人分

白桃ピューレ .... 250 g
水 .... 72 g
グラニュー糖 .... 65 g
粉末水飴 .... 21 g
なければ水飴を同量使用
ブドウ糖 .... 8 g
ホワイトラム .... 5 g

下準備 & 作りかた

ともにP50「フランボワーズ」と同様に作ります。

パッションフルーツ

材料 4人分

パッションフルーツピューレ … 250 g
水 …………………………… 310 g
グラニュー糖 ………………… 135 g
粉末水飴 ……………………… 61 g
なければ水飴を同量使用

下準備 & 作りかた

ともに P50「フランボワーズ」と同様に作ります。

洋梨

材料 4人分

洋梨ピューレ ………………… 250 g
水 ……………………………… 83 g
グラニュー糖 ………………… 54 g
粉末水飴 ……………………… 21 g
なければ水飴を同量使用
ブドウ糖 ……………………… 8 g
ポワール・オ・ドゥ・ヴィ
(洋梨のブランデー) ………… 20 g
レモン汁 ……………………… 8 g

下準備 & 作りかた

ともに P50「フランボワーズ」と同様に作ります。

グラニテ

本来、グラニテはコース料理の中盤に、口直しとして出されるもの。
ちょっぴり甘いものが苦手な、大人のためのデザート。

グラニテ・シャンパン

材料 10人分

A
- 水 ………………… 125 g
- グラニュー糖 ……… 75 g
- 水飴 ………………… 25 g
- レモンの皮 … 縦に2むき

シャンパン ………… 375 g

シャンパン ………… 適量

下準備

❶ アイスクリームメーカーの冷却器を冷凍庫に入れ、冷やしておきます。
お手持ちのアイスクリームメーカーの取扱い説明書に従ってください。

作りかた

1. 鍋にAを入れ沸騰させ、レモンの皮の香りを出します。

2. ボウルに移し、氷水にあてて冷ましてから冷蔵庫でよく冷やしておきます。

3. レモンの皮を取り出し、シャンパン375gを加えて混ぜます。

   炭酸が抜けるので混ぜすぎないように注意してください。

4. アイスクリームメーカーにかけます。

   機械を止めてもほとんど動かなくなってきたらできあがりです。

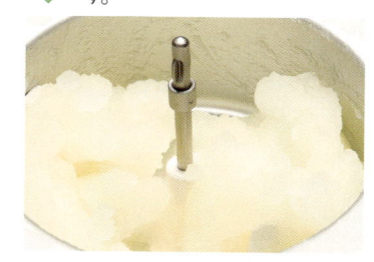

5. よく冷やしたグラスに入れ、よく冷やしたシャンパンを適量注ぎます。

グラニテ・レモン

材料 8人分

レモンの皮 a ………… 1/3個分

A
- 水 ………………… 100 g
- グラニュー糖 ……… 60 g
- 水飴 ………………… 17 g
- レモンの皮 b … 縦に1⅓むき

B
- レモン汁 …………… 150 g
- 水 ………………… 100 g
- キルシュ …………… 5 g

下準備

❶ アイスクリームメーカーの冷却器を冷凍庫に入れ、冷やしておきます。
お手持ちのアイスクリームメーカーの取扱い説明書に従ってください。

❷ レモンの皮 a は表面部分だけをすりおろして、ひとつまみのグラニュー糖（分量外）とよくすり混ぜておきます。（P109参照）

fin

作りかた

1. 鍋に **A** を入れ沸騰させ、レモンの皮の香りを出します。

2. ボウルに移し、氷水にあてて冷ましてから冷蔵庫でよく冷やしておきます。

3. レモンの皮を取り出し、レモンの皮のすりおろし、**B** を加えて混ぜます。

4. アイスクリームメーカーにかけます。

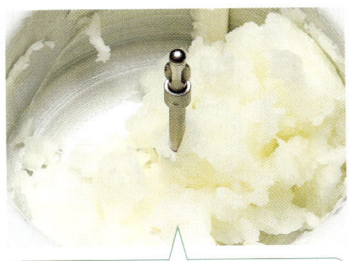

> 機械を止めてもほとんど動かなくなってきたらできあがりです。

fin

Spécial

とっておきの冷たいデザート

スフレ・グラッセは、ふっくらと膨らんだスフレに形を似せて作られた、冷たいデザートです。イル・プルーのお菓子教室で教えているものより、簡単に作れるように工夫してあります。シロップと卵黄を合わせたものを、ハンドミキサーで泡立て、気泡量の小さい強い泡を作り、生クリームとよく混ぜ軽さを出します。舌触り、舌の上で溶ける食感は、このお菓子ならではです。
パフェは色々なものを一緒に口にしたとき、重すぎないよう、牛乳の多いバニラのアイスクリームを使っています。
そしてフツフツ煮るだけのコンポート。いちじくやドライフルーツの選択によって、味わいは変わりますが、心をホッと落ち着かせてくれるやさしい甘さをもっています。

スフレ・グラッセ

とろりと舌の上で溶ける上品なデザート。
スフレグラッセ自体の控えめな味わいを、豊かな味わいのジュレやココアが引き立てます。

オレンジ

スフレ・グラッセの基本のレシピ

オレンジ

材料
直径6.5cm×高さ3.5cmの
ラムカン3個分

生クリーム	110 g
グラニュー糖	23 g
水	17 g
水飴	8 g
卵黄	32 g
オレンジコンパウンド	15 g
オレンジキュラソー	12 g
ココア	適量

下準備

❶ 厚紙を長さ25cm×高さ5cmに切り、ラムカンの周りに巻いてホチキスでとめます。冷凍庫で30分くらい冷やしておきます。

❷ 口径13mmの丸口金をつけた絞り袋を冷蔵庫で冷やしておきます。

❸ 生クリームを8分立てに泡立て、冷蔵庫で冷やしておきます。（P109参照）

作りかた

1. 厚手の小鍋にグラニュー糖、水、水飴を入れよく混ぜます。中火で中心まで軽く沸騰するまで（90℃）加熱します。

　スプーンなどで混ぜながら加熱してください。

2. 手付き中ボウルに卵黄を入れ、ホイッパーを直線に往復させ、白っぽくなるまで十分に混ぜます。

3. 2に1を少しずつ加え、ホイッパーで円を描くように、手早くよく混ぜます。

4. ハンドミキサー（ビーター1本）の速度3番で、3分30秒泡立てます。

5. 氷水にあてて、さらに速度2番で2分泡立てます。20℃以下に温度を下げます。

6. 8分立てにした生クリームに、オレンジコンパウンドとオレンジキュラソーを混ぜたものを加えます。ホイッパーで底からすくい上げるように軽く混ぜます。

> 状態はなめらかで少しやわらかです。状態がかたいと、できあがりの口溶けが悪くなります。

7. 6に5を2回に分けて加えます。ホイッパーで底からすくい上げるように少し手早く混ぜ、完全に混ざったら次を加え、同様に混ぜます。均等に混ざったら、ゴムべらでボウルのまわりを払い、同様に20回混ぜます。

8. 絞り袋でラムカンの厚紙の縁まで絞り入れます。

9. パレットナイフで中央を少しだけ高めにならし、冷凍庫で2時間くらい冷やし固めます。

10. 食べる10分前に冷蔵庫に移します。ココアを表面全体にごく軽くふり、厚紙をはずします。

fin

おいしい たべかた

まわりがやわらかくなるくらいまで溶かして食べてください。かたいままではスフレグラッセ独特の舌触りが味わえません。
-20℃の冷凍庫で3日間保存ができます。

スフレ・グラッセ
カシス

パッションフルーツ

カシス

材料　直径6.5cm×高さ3.5cmのラムカン　3〜4個分

生クリーム …………… 121 g	カシスピューレ b ……… 30 g
グラニュー糖 …………… 23 g	カシスリキュール ……… 18 g
	レモン汁 ………………… 6 g

A
- カシスピューレ a ……… 12 g
- グラニュー糖 …………… 23 g
- 水 ………………………… 7 g
- 水飴 ……………………… 8 g

卵黄 ……………………… 32 g

ジュレ
- グラニュー糖 …………… 30 g
- コーンスターチ ………… 4 g
- カシスピューレ ……… 100 g
- カシスリキュール ……… 10 g

下準備

① 厚紙を長さ25cm×高さ5cmに切り、ラムカンの周りに巻いてホチキスでとめます。冷凍庫で30分くらい冷やしておきます。

② 口径13mmの丸口金をつけた絞り袋を冷蔵庫で冷やしておきます。

③ 生クリームを8分立て弱に泡立てます（P109参照）。グラニュー糖を加え軽く混ぜ、冷蔵庫で冷やしておきます。カシスの酸は生クリームをしめるのでやわらかめの8分立てにしてください。

作りかた

1 厚手の小鍋にAを入れ、混ぜながら、中火で中心まで軽く沸騰するまで（90℃）加熱します。

2 手付き中ボウルに卵黄を入れ、ホイッパーを直線に往復させ、白っぽくなるまで十分に混ぜます。

3 2に1を少しずつ加え、ホイッパーで円を描くように、手早くよく混ぜます。

4 ハンドミキサー（ビーター1本）の速度3番で、3分30秒泡立てます。

5 氷水にあてて、さらに速度2番で2分泡立てます。20℃以下に温度を下げます。

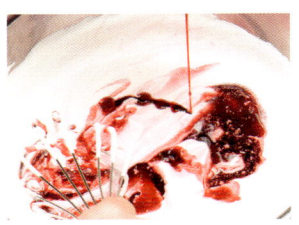

6 8分立て弱にした生クリームに、カシスピューレb、カシスリキュール、レモン汁を加えます。ホイッパーで底からすくい上げるように軽く混ぜます。

7 6に5を2回に分けて加えます。ホイッパーで底からすくい上げるように少し手早く混ぜ、完全に混ざったら次を加え、同様に混ぜます。均等に混ざったら、ゴムべらでボウルのまわりを払い、同様に20回混ぜます。

8 絞り袋でラムカンの厚紙の縁まで絞り入れます。

9 パレットナイフで中央を少しだけ高めにならし、冷凍庫で2時間くらい冷やし固めます。

10 ジュレを作ります。

厚手の小鍋にグラニュー糖、コーンスターチを入れてよく混ぜます。カシスピューレを少しずつ加え混ぜ、加熱します。軽く沸騰したら弱火にして10秒煮ます。

火を止め粗熱がとれたら、カシスリキュールを加え混ぜ、冷蔵庫で冷やしておきます。

11 食べる10分前に冷蔵庫に移します。ジュレを適量流し、パレットナイフで平らにならし、厚紙をはずします。

fin

パッションフルーツ

材料 直径6.5cm×高さ3.5cmのラムカン 3個分

生クリーム	121 g
グラニュー糖	26 g

A
- パッションフルーツピューレa … 12 g
- グラニュー糖 … 23 g
- 水 … 7 g
- 水飴 … 8 g

卵黄 … 32 g

パッションフルーツピューレb … 16 g
パッションフルーツピューレc … 63 g
ホワイトラム … 8.5 g

ジュレ
- 水 … 30 g
- グラニュー糖 … 30 g
- コーンスターチ … 5 g
- パッションフルーツピューレ … 70 g
- ホワイトラム … 3 g

下準備

❶ P61「カシス」下準備❶〜❸と同様にします。

❷ パッションフルーツピューレcを1/2量の31gに煮詰めておきます。

煮詰め前　煮詰め後

作りかた

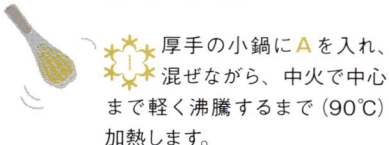

❶ 厚手の小鍋に**A**を入れ、混ぜながら、中火で中心まで軽く沸騰するまで（90℃）加熱します。

❷ 手付き中ボウルに卵黄を入れ、ホイッパーを直線に往復させ、白っぽくなるまで十分に混ぜます。

❸ **2**に**1**を少しずつ加え、ホイッパーで円を描くように、手早くよく混ぜます。

❹ ハンドミキサー（ビーター1本）の速度3番で、3分30秒泡立てます。

❺ 氷水にあてて、さらに速度2番で2分泡立てます。20℃以下に温度を下げます。

❻ 8分立て弱にした生クリームに、パッションフルーツピューレb、煮詰めたパッションフルーツピューレc、ホワイトラムを加えます。ホイッパーで底からすくい上げるように軽く混ぜます。

❼ **6**に**5**を2回に分けて加えます。ホイッパーで底からすくい上げるように少し手早く混ぜ、完全に混ざったら次を加え、同様に混ぜます。均等に混ざったら、ゴムべらでボウルのまわりを払い、同様に20回混ぜます。

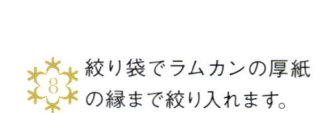

❽ 絞り袋でラムカンの厚紙の縁まで絞り入れます。

❾ パレットナイフで中央を少しだけ高めにならし、冷凍庫で2時間くらい冷やし固めます。

❿ **ジュレ**を作ります。

❄ 厚手の小鍋に水、グラニュー糖、コーンスターチを入れてよく混ぜます。パッションフルーツピューレを加え混ぜ、加熱します。軽く沸騰したら弱火にして10秒煮ます。

❄ 火を止め粗熱がとれたら、ホワイトラムを加え混ぜ、冷蔵庫で冷やしておきます。

⓫ 食べる10分前に冷蔵庫に移します。**ジュレ**を適量流し、パレットナイフで平らにならし、厚紙をはずします。

fin

フランボワーズ

材料 直径6.5cm×高さ3.5cm のラメキン 1 個分

生クリーム	121 g	フランボワーズピューレ b	60 g
グラニュー糖	20 g	フランボワーズリキュール	30 g
		レモン汁	7 g

A
- フランボワーズピューレ a … 12 g
- グラニュー糖 … 23 g
- 水 … 7 g
- 水飴 … 8 g

卵黄 … 32 g

ジュレ
- グラニュー糖 … 20 g
- コーンスターチ … 4 g
- フランボワーズピューレ … 100 g
- フランボワーズリキュール … 10 g
- レモン汁 … 5 g

下 準 備

❶ P61「カシス」下準備 ❶〜❸ と同様にします。

作 り か た

1. 厚手の小鍋にAを入れ、混ぜながら、中火で中心まで軽く沸騰するまで（90℃）加熱します。

2. 手付き中ボウルに卵黄を入れ、ホイッパーを直線に往復させ、白っぽくなるまで十分に混ぜます。

3. 2に1を少しずつ加え、ホイッパーで円を描くように、手早くよく混ぜます。

4. ハンドミキサー（ビーター1本）の速度3番で、3分30秒泡立てます。

5. 氷水にあてて、さらに速度2番で2分泡立てます。20℃以下に温度を下げます。

6. 8分立て弱にした生クリームに、フランボワーズピューレb、フランボワーズリキュール、レモン汁を加えます。ホイッパーで底からすくい上げるように軽く混ぜます。

7. 6に5を2回に分けて加えます。ホイッパーで底からすくい上げるように少し手早く混ぜ、完全に混ざったら次を加え、同様に混ぜます。均等に混ざったら、ゴムべらでボウルのまわりを払い、同様に20回混ぜます。

8. 絞り袋でラムカンの厚紙の縁まで絞り入れます。

9. パレットナイフで中央を少しだけ高めにならし、冷凍庫で2時間くらい冷やし固めます。

10. **ジュレ**を作ります。

    ❊厚手の小鍋にグラニュー糖、コーンスターチを入れてよく混ぜます。フランボワーズピューレを少しずつ加え混ぜ、加熱します。軽く沸騰したら弱火にして10秒煮ます。

    ❊火を止め粗熱がとれたら、フランボワーズリキュール、レモン汁を加え混ぜ、冷蔵庫で冷やしておきます。

11. 食べる10分前に冷蔵庫に移します。**ジュレ**を適量流し、パレットナイフで平らにならし、厚紙をはずします。

fin

バナナパフェ

バナナの甘さになぜか懐かしさを感じるパフェ。童心にかえって気取らずに口いっぱいにほおばりたい味です。

パフェのための アイスクリーム

そのまま食べるものよりも、牛乳の多いアイスクリームを作り、2種のパフェに使います。

> 市販の乳脂肪分の低い（35％くらい）アイスクリームでもかまいません。

材料　5人分

A
- 牛乳 ……………… 250 g
- 生クリーム(35%) …… 60 g
  乳脂肪分の低いものを使用します
- 水飴 ……………… 40 g
- バニラ棒 ………… 1/3 本

- 卵黄 ……………… 60 g
- グラニュー糖 ……… 60 g

作りかた

1. P 40「バニラ」下準備・作りかたと同様に作ります。

バナナパフェ

材料　1人分

- アイスクリーム ……… 80 g
- バナナ ………… 1/2 本 (60 g)

ソース
- ココア ……………… 4 g
- グラニュー糖 ……… 9 g
- 水 ………………… 17 g

クリーム
- 生クリーム ………… 25 g
- バニラシュガー …… 2.5 g
- グラニュー糖 ……… 2.5 g

下準備

① バナナを厚さ 5mm の斜めにカットしておきます。

作りかた

1. **ソース**を作ります。ココアとグラニュー糖をホイッパーでよく混ぜ、水を少しずつ加え混ぜます。冷蔵庫で冷やしておきます。

2. **クリーム**の材料をすべてボウルに入れ、ホイッパーで9分立てに泡立てます。
   > やっと角が立つくらいです。

3. 冷やしておいた器に**ソース**約6gを入れます。

4. アイスクリーム 80 g、**クリーム**すべてを入れます。

5. **ソース**約6gをかけ、バナナを飾ります。

fin

苺パフェ

材料　1人分

- アイスクリーム ……… 80 g
- 苺 ………………… 大 2 粒

ソース
- 苺ピューレ ………… 30 g
- レモン汁 …………… 5 g
- グラニュー糖 ……… 15 g

クリーム
- 生クリーム ………… 25 g
- バニラシュガー …… 2.5 g
- グラニュー糖 ……… 2.5 g

下準備

① 苺を縦 1/4 にカットしておきます。

作りかた

1. **ソース**の材料をすべてホイッパーでよく混ぜます。

2. **クリーム**の材料をすべてボウルに入れ、ホイッパーで9分立てに泡立てます。
   > やっと角が立つくらいです。

3. 冷やしておいた器に**ソース**約10gを入れます。

4. アイスクリーム 80 g、**クリーム**すべてを入れます。

5. **ソース**約10〜15gをかけ、苺を飾ります。

fin

イル・ブルー・シュクル・ラ・セーヌ企画の近刊

Pâtisserie française そのimagination Ⅲ final
フランス菓子、その孤高の味わいの世界
著者：弓田亨

2008年7月発売予定

約300頁、B5判、予価6,500円+税　ISBN978-4-901490-22-1

パティスィエに愛読されてきたロングセラー、1986年発刊"imagination"シリーズから22年——
待望のシリーズ完結編、満を持して登場！

※本書の特徴※

[imagination編]
弓田亨が日本で多様性・多重性のあるフランス菓子を作りあげるために築いてきたさまざまな理論・技術的精神性について。

[recette編]
さらにイマジナスィオンの世界への理解を深めるために、実際にレセピによって作り方のポイント、技術的な考え方を再確認。伝統的なフランス菓子から、イル・ブルーの1年に発表されたオリジナル菓子まで計22品。

[technique編]
本書に登場する基本的な生地やクレーム、混ぜ方などを写真やイラストで説明。

イル・ブルーの書籍を購入するには？

1. 紀伊國屋、丸善、ジュンク堂他、全国の書店およびインターネット書店でご購入いただけます。

2. イル・ブルー・シュクル・ラ・セーヌ企画 出版部へ直接ご注文いただけます。

　本のタイトル／冊数／お名前／郵便番号／住所／電話番号／お支払い方法（郵便振替・銀行振込・代引き）をご明記の上、お電話、FAX、ハガキのいずれかの方法でご注文ください。

　＊2冊以上または1万円以上ご注文の方は送料無料
　1万円未満または1冊のご注文の方は420円（『Les Desserts』のみ500円）
　＊お支払い方法

【郵便振替】
本と一緒に郵便振替用紙を同封いたします。
到着後1週間以内にお支払いください。

【銀行振込】
ご注文の本に請求金額の明細書を同封し振込先をお知らせします。
到着後1週間以内にお支払いください。

【代引き】
日本通運ペリカン便引き換えでお渡しいたします。本と引き換えにお代金をお支払いください。代引き手数料の315円はお客様にご負担になります。

3. イル・ブルー・シュクル・ラ・セーヌ 楽天市場店でご購入いただけます。
http://www.rakuten.co.jp/iIbleut

＊1万円以上ご注文の方は送料無料
その他の場合は出店によって異なります（日本通運ペリカン便で配送いたします）
＊お支払い方法
郵便振替、銀行振込、代引きのほか、クレジットカード決済、セブンイレブン決済（前払い）もお選びいただけます。

お客様各位

お買い上げ頂き、誠にありがとうございます。

イル・プルー・シュル・ラ・セーヌのレシピは、お菓子教室での講習や、その他デモンストレーションなどを繰り返すことにより、よりおいしいものが作れるように、と書籍が出版されてから、改訂される場合があります。

より新しい訂正を読者の皆さまにお伝えするため、ホームページにて随時更新しております。

ご自分の作ろうと思っているお菓子のレシピに訂正がないか、ホームページでチェックされてから、お菓子を作り始めることをオススメします。

またホームページをご覧になれないお客様には、お電話、またはFAXで対応いたしますので、疑問点がございましたら、お手数ですがご連絡ください。

http://www.iipleut.co.jp/book4.html
TEL:03-3476-5214 FAX:03-3476-3772

「お菓子屋さんが出版社！」
イル・プルー・シュル・ラ・セーヌ企画
〒150-0021
東京都渋谷区恵比寿西1-16-8 影和ビル2F
イル・プルー・シュル・ラ・セーヌ企画 出版部

苺パフェ

誰しもが抱いたことのあるパフェへの憧れ。
もっともおいしいと感じられるシンプルなバランスを考えました。

いちじくの白ワイン煮

透明感を持った赤いシロップが、すっきりとした涼しさを運んでくれます。
いちじくが縮まないように、グラニュー糖は2回に分けて加えます。

材料 いちじく8個分

いちじく	8個
白ワイン	約800g
バニラ棒	1本
グラニュー糖a	200g
アニスシード	13g
グラニュー糖b	200g
レモン汁	16g

下準備

① アニスシードは、お茶用の紙パック2つに入れておきます。
詰めすぎると香りが出ないので、2つに分けてください。

② いちじくは水洗いし、ペーパータオルなどでふいておきます。

③ バニラ棒を縦に裂いておきます。（P109参照）

④ パラフィン紙を鍋の内径に合わせて切り、中央に丸く穴をあけ、紙ブタを作っておきます。

作りかた

1 ステンレスまたはホーロー鍋にいちじくを重ならないように入れ、いちじくの2/3がつかるくらいまで白ワインを加えます。バニラ棒も加えます。

2 紙ブタをして加熱します。軽く沸騰したら弱火にし、軽くフツフツを保ちながら、皮が破れないように煮ます。

3 15〜20分くらい煮たら上下をかえして、竹串がすっと入るようになるまで、あと10〜15分煮ます。

4 グラニュー糖a、アニスシードを加えます。グラニュー糖が溶けたら火を止めて、24時間おいておきます。

5 24時間おいたら火にかけ、沸騰直前でグラニュー糖bを加えます。軽く沸騰させたら火を止めて、レモン汁を加え冷まします。

6 冷めたら密閉容器に入れ、紙ブタをしてフタをします。冷蔵庫で5〜7日、味をしみ込ませます。

> 5日目頃から味わいが深くなります。7日もおくとより濃厚な味わいに変わります。7日目〜10日目くらいが、一番おいしくいただけます。

fin

おいしい たべかた

たっぷりのシロップとともに、「バニラ」のアイス（P40参照）をそえると格別です。

ドライフルーツのコンポート

生の果物よりも、深く深く心に沁みる味わい。
ぜひ、ヨーロッパ産の力強いドライフルーツで作ってみてください。

材料 4〜5人分

ドライアプリコット	60 g
ドライポワール	120 g
ドライプルーン（種なし）	60 g
水	600 g
レモン汁	5 g
バニラ棒	1 本
グラニュー糖	80 g
コニャック	15 g

下準備

❶ ボウルにドライアプリコット、ドライポワール、ドライプルーン、水、レモン汁を入れ、室温で最低12時間以上漬けておきます。

❷ バニラ棒を縦に裂いておきます。（P109参照）

❸ パラフィン紙を鍋の内径に合わせて切り、中央に丸く穴をあけ、紙ブタを作っておきます。

作りかた

1 ステンレスまたはホーロー鍋にドライアプリコット、ドライポワール、ドライプルーンを順に入れます。

> 煮くずれしにくい順に入れてください。

2 漬け汁、バニラ棒を加えます。紙ブタをして加熱します。軽く沸騰したら弱火にし、軽くフツフツを保ちながら、煮くずれないように煮ます。

3 25分くらい煮たら上下をかえして、あと20分煮ます。

> ドライポワールは少し煮くずれますが、味には影響ありません。

4 グラニュー糖を加えて軽く沸騰させます。弱火にし軽くフツフツと4分煮ます。

5 火を止めて、粗熱をとり（40〜50℃）、コニャックを加え、冷蔵庫で十分に冷やします。

> できあがりから10時間〜24時間後くらいが一番おいしくいただけます。

fin

Bavarois, Mousse

ババロアとムース

一般的にババロアは、卵黄、砂糖、牛乳や果汁を加熱してとろみをつけてからゼラチン、生クリームを加えプルンとした食感に仕上げます。
ムースはフランス語で「泡」の意味があるように、卵黄は加えず、卵白を泡立てたメレンゲを最後に加え、ふんわりと仕上げます。
しかしメレンゲを使うお菓子は、本来のおいしさを作るために多少の技術が必要となりますので、本書でのムースはメレンゲは使いません。ゼラチン液を泡立てながら徐々に固めていきますが、素材の違いで作り方は異なります。

ババロア・ショコラ

しっかり豊かな味わいのチョコレートが、ちょっぴりリッチな気分にさせてくれます。
ここではカカオ分66%のチョコレートを使っています。

ババロア・ショコラ

材料
口径7cm×底径4cm×高さ5.5cmのグラス 7個分

粉ゼラチン（ゼライス）	5 g
冷水	30 g
牛乳	150 g
ココア	30 g
卵黄	54 g
グラニュー糖	80 g
スイートチョコレート	30 g
バニラエッセンス	2～3滴（0.2g）
生クリーム	200 g
スポンジ生地	適量

シロップ
水	40 g
グラニュー糖	20 g
ココア	10 g

ソース
ココア	10 g
グラニュー糖	23 g
水	22 g
オレンジキュラソー	5 g
バニラエッセンス	5滴（0.4 g）

下準備

❶ 粉ゼラチンを冷水の中にふり入れて混ぜ、冷蔵庫に入れておきます。

❷ ココアはふるっておきます。

❸ スポンジ生地を焼き（P 110参照）、厚さ1.5cm、器の大きさにカットします。
市販のスポンジ生地を使ってもかまいません。

❹ シロップを作ります。
厚手の小鍋に水、グラニュー糖を入れ、よく混ぜて加熱します。軽く沸騰したら、ココアを少しずつ加え混ぜます。シロップが熱いうちに、スポンジ生地の両面に打ちます。

❺ 生クリームを8分立てに泡立て、冷蔵庫で冷やしておきます。（P 109参照）

❻ スイートチョコレートは細かく刻んでおきます。

作りかた

① 鍋に牛乳とココアを入れ、縁がフツフツする（80℃）まで加熱します。

② ボウルに卵黄とグラニュー糖を入れ、ホイッパーを直線に往復させ、白っぽくなるまで十分に混ぜます。

③ 2に1の1/3量を3回に分けて少しずつ加え、ホイッパーで円を描くようによく混ぜます。残りは手早く混ぜながら少しずつ加えます。

④ 90℃くらいの湯煎にかけ、強く混ぜながら80℃まで加熱し、ドロッとしたとろみを十分につけます。

> 鍋で沸騰させた湯を弱火にかけて湯煎すると、効率よく加熱できます。

5 湯煎からはずして、冷水でふやかしておいたゼラチンを加え混ぜます。ゼラチンをよく溶かしてから、刻んだスイートチョコレートを加え混ぜます。

6 裏ごしします。

7 氷水につけ、手早く混ぜながら40℃まで冷まします。

8 氷水からはずしてバニラエッセンスを加え混ぜます。再度氷水にあてて、手早く混ぜながら18℃にします。

> チョコレートが固まらないように、手早く混ぜてください。

9 8分立てにした生クリームを3回に分けて加えます。1回目はゴムべらでひとすくい加え、ホイッパーで円を描くように混ぜてから、底からすくい上げるように手早く混ぜます。

10 2回目は残り1/2を加え、底からすくい上げるように手早く混ぜます。

11 ほぼ混ざったら、残りすべてを加え同様に混ぜます。

12 十分に混ざったら、生クリームを入れていたボウルに移しかえ、ホイッパーを立てて円を描くように10回混ぜます。

13 器の1/3くらいまでババロアを流し入れ、平らにしてシロップを打った生地をおきます。器の上までババロアを流し入れ、平らにして冷蔵庫で2時間冷やし固めます。

14 ソースを作ります。ココアとグラニュー糖をホイッパーでよく混ぜ、水を少しずつ加え混ぜます。オレンジキュラソー、バニラエッセンスを加えよく混ぜ、冷蔵庫で冷やしておきます。

15 ババロアにソースを適量流します。

fin

ババロア・白ワイン

口に入れると白ワインの優しい香りが広がります。
甘口で香りの良いワインなら、手ごろな値段の若いものでも十分です。

ババロア・キャラメル

キャラメルの焦がし具合で味わいは様々に変化します。
ベストの焦がし具合が分かるまで、何度かチャレンジしてみてください。

ババロア・白ワイン

ポイントはP74「ショコラ」を参照してください。

材料
口径7cm×底径4cm×高さ5.5cmのグラス　7個分

粉ゼラチン（ゼライス）	5 g
冷水	30 g
卵黄	50 g
グラニュー糖	50 g
白ワイン	125 g
レモン汁	15 g
生クリーム	230 g
スポンジ生地	適量

シロップ
レモンの皮	1/2個分
白ワイン	50 g
グラニュー糖	4 g

クレーム
卵黄	20 g
グラニュー糖	20 g
コーンスターチ	5 g
白ワイン	110 g

下準備

❶ 粉ゼラチンを冷水の中にふり入れて混ぜ、冷蔵庫に入れておきます。

❷ シロップを作ります。
　1．レモンの皮は表面部分だけをすりおろして、ふたつまみのグラニュー糖（分量外）とよくすり混ぜておきます。（P109参照）
　2．白ワイン、グラニュー糖を合わせたものに、1を加え混ぜます。

❸ 生クリームを8分立てに泡立て、冷蔵庫で冷やしておきます。（P109参照）

❹ スポンジ生地を焼き（P110参照）、厚さ1.5cm、器の大きさにカットします。シロップを両面に打ち、冷蔵庫で冷やしておきます。

作りかた

1. ボウルに卵黄とグラニュー糖を入れ、ホイッパーを直線に往復させ、白っぽくなるまで十分に混ぜます。

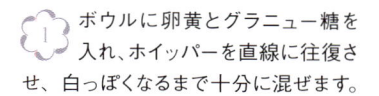

2. 1に白ワインを少しずつ加え、ホイッパーで円を描くようによく混ぜます。

3. 90℃くらいの湯煎にかけ、強く混ぜながら80℃まで加熱し、ドロッとしたとろみを十分につけます。

④ 湯煎からはずして、冷水でふやかしておいたゼラチンを加え混ぜます。ゼラチンをよく溶かしてから裏ごしします。

⑤ 氷水につけ、手早く混ぜながら40℃まで冷まします。

⑥ 氷水からはずして、レモン汁を加え混ぜます。再度氷水にあてて手早く混ぜながら18℃にします。

⑦ 8分立てにした生クリームを3回に分けて加えます。1回目はゴムべらでひとすくい加え、ホイッパーで円を描くように混ぜてから、底からすくい上げるように手早く混ぜます。

⑧ 2回目は残り1/2を加え、底からすくい上げるように手早く混ぜます。

⑨ ほぼ混ざったら、残りすべてを加え同様に混ぜます。

⑩ 十分に混ざったら、生クリームを入れていたボウルに移しかえ、ホイッパーを立てて円を描くように10回混ぜます。

⑪ 器の1/3くらいまでババロアを流し入れ、平らにしてシロップを打った生地をおきます。器の上までババロアを流し入れ、平らにして冷蔵庫で2時間冷やし固めます。

⑫ **クレーム**を作ります
・ボウルに卵黄を入れてホイッパーでほぐし、グラニュー糖を加え混ぜ、コーンスターチを加え混ぜます。
・白ワインを少しずつ加え混ぜ、鍋に移して火にかけます。軽く沸騰したら手早く混ぜ火を止めます。裏ごしし、冷蔵庫で冷やしておきます。

⑬ ババロアに**クレーム**を適量流します。

fin

ババロア・キャラメル

ポイントは P74「ショコラ」を参照してください。

材料
口径 7cm × 底径 4cm × 高さ 5.5cm のグラス 7個分

バーズキャラメル	
生クリーム	50 g
水	10 g
グラニュー糖	75 g

粉ゼラチン（ゼライス）	5 g
冷水	30 g
牛乳	105 g
卵黄	50 g
グラニュー糖	50 g
バーズキャラメル	50 g
バニラエッセンス	2〜3滴 (0.2g)
生クリーム	230 g
スポンジ生地	適量

シロップ	
水	30 g
グラニュー糖	15 g
バーズキャラメル	18 g

ソース	
水	100 g
グラニュー糖	20 g
コーンスターチ	5 g
バーズキャラメル	20 g

下準備

❶ 粉ゼラチンを冷水の中にふり入れて混ぜ、冷蔵庫に入れておきます。

❷ バーズキャラメルを作ります。

1. 鍋に生クリームと水を入れて、縁がフツフツする（80℃）まで加熱します。
2. 厚手の小鍋にグラニュー糖を入れ、スプーンで混ぜながら、弱火で加熱し、赤味が少し残るくらいに焦がします。
3. ホイッパーで混ぜながら、2に1を加えます。
4. シロップ、ババロア、ソース用を量っておきます。

❸ シロップを作ります。
厚手の小鍋に水、グラニュー糖を入れ、軽く沸騰させ、バーズキャラメルを加え混ぜます。

❹ 生クリームを8分立てに泡立て、冷蔵庫で冷やしておきます。（P109参照）

❺ スポンジ生地を焼き（P110参照）、厚さ1.5cm、器の大きさにカットします。シロップを両面に打ち、冷蔵庫で冷やしておきます。

作りかた

① 鍋に牛乳を入れ、縁がフツフツする（80℃）まで加熱します。

② ボウルに卵黄とグラニュー糖を入れ、ホイッパーを直線に往復させ、白っぽくなるまで十分に混ぜます。

③ 2に1の1/3量を3回に分けて少しずつ加え、ホイッパーで円を描くようによく混ぜます。残りは手早く混ぜながら少しずつ加えます。

4. 90℃くらいの湯煎にかけ、強く混ぜながら80℃まで加熱し、ドロッとしたとろみを十分につけます。

5. 湯煎からはずして、冷水でふやかしておいたゼラチンを加え混ぜます。ゼラチンをよく溶かしてから、バーズキャラメルを加え混ぜます。

6. 裏ごしします。

7. 氷水につけ、手早く混ぜながら40℃まで冷まします。

8. 氷水からはずして、バニラエッセンスを加え混ぜます。再度氷水にあてて、手早く混ぜながら18℃にします。

9. 8分立てにした生クリームを3回に分けて加えます。1回目はゴムべらでひとすくい加え、ホイッパーで円を描くように混ぜてから、底からすくい上げるように手早く混ぜます。

10. 2回目は残り1/2を加え、底からすくい上げるように手早く混ぜます。

11. ほぼ混ざったら、残りすべてを加え同様に混ぜます。

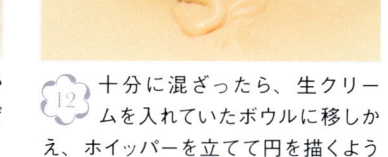

12. 十分に混ざったら、生クリームを入れていたボウルに移しかえ、ホイッパーを立てて円を描くように10回混ぜます。

13. 器の1/3くらいまでババロアを流し入れ、平らにしてシロップを打った生地をおきます。器の上までババロアを流し入れ、平らにして冷蔵庫で2時間冷やし固めます。

14. ソースを作ります。
厚手の小鍋に水、グラニュー糖、コーンスターチを入れ、よく混ぜて加熱します。軽く沸騰したらバーズキャラメルを加え混ぜ、弱火にして10秒煮ます。火を止め粗熱がとれたら、冷蔵庫で冷やしておきます。

15. ババロアにソースを適量流します。

fin

ババロア・マンゴー

濃厚なマンゴーがストレートにおいしいババロア。
マンゴーの香りを引き立たせるため、加えるマンゴーピューレは2度に分けて加えます。

ババロア・フランボワーズ

フランボワーズのピューレが手に入らない時は、冷凍フランボワーズを裏ごしして代用。
リキュールはしっかりとした味わいのものを選んでください。

ババロア・マンゴー

材料
口径7cm×底径4cm×高さ5.5cmのグラス 7個分

- 粉ゼラチン（ゼライス） ……… 5 g
- 冷水 ……………………………… 30 g
- マンゴーピューレa …………… 135 g
- 卵黄 ……………………………… 45 g
- グラニュー糖 …………………… 45 g
- ミルクパウダー ………………… 9 g

A
- ホワイトラム …………………… 18 g
- レモン汁 ………………………… 23 g
- バニラエッセンス ……… 8～9滴（0.7g）

- 生クリーム ……………………… 135 g
- マンゴーピューレb …………… 13 g

- スポンジ生地 …………………… 適量

シロップ
- 水 ………………………………… 16 g
- グラニュー糖 …………………… 20 g
- マンゴーピューレ ……………… 84 g
- ホワイトラム …………………… 4 g
- レモン汁 ………………………… 6 g

ジュレ
- 水 ………………………………… 20 g
- グラニュー糖 …………………… 10 g
- コーンスターチ ………………… 4 g
- マンゴーピューレ ……………… 100 g
- ホワイトラム …………………… 2 g
- レモン汁 ………………………… 3 g

下準備

❶ 粉ゼラチンを冷水の中にふり入れて混ぜ、冷蔵庫に入れておきます。

❷ **シロップ**を作ります。
厚手の小鍋に水、グラニュー糖を入れ、火にかけます。軽く沸騰したら火を止め、粗熱がとれたらマンゴーピューレ、ホワイトラム、レモン汁を加え混ぜます。

❸ 生クリームを8分立てに泡立て、冷蔵庫で冷やしておきます。（P109参照）

❹ スポンジ生地を焼き（P110参照）、厚さ1.5cm、器の大きさにカットします。**シロップ**を両面に打ち、冷蔵庫で冷やしておきます。

作りかた

① 鍋にマンゴーピューレaを入れ、縁がフツフツする（80℃）まで加熱します。

② ボウルに卵黄とグラニュー糖を入れ、ホイッパーを直線に往復させ、白っぽくなるまで十分に混ぜます。ミルクパウダーを加え混ぜます。

③ 2に1の1/3量を3回に分けて少しずつ加え、ホイッパーで円を描くようによく混ぜます。残りは手早く混ぜながら少しずつ加えます。

ポイントはP74「ショコラ」を参照してください。

④ 90℃くらいの湯煎にかけ、強く混ぜながら80℃まで加熱し、ドロッとしたとろみを十分につけます。

⑤ 湯煎からはずして、冷水でふやかしておいたゼラチンを加え混ぜます。ゼラチンをよく溶かしてから裏ごしします。

⑥ 氷水につけ、手早く混ぜながら40℃まで冷まします。

⑦ 氷水からはずして、Aを加え混ぜます。再度氷水にあてて、手早く混ぜながら18℃にします。

⑧ 8分立てにした生クリームを3回に分けて加えます。1回目はゴムべらでひとすくい加え、ホイッパーで円を描くように混ぜてから、底からすくい上げるように手早く混ぜます。

⑨ 2回目は残り1/2を加え、底からすくい上げるように手早く混ぜます。

⑩ ほぼ混ざったら、残りすべてを加え同様に混ぜます。マンゴーピューレbを加え混ぜます。

⑪ 十分に混ざったら、生クリームを入れていたボウルに移しかえ、ホイッパーを立てて円を描くように10回混ぜます。

⑫ 器の1/3くらいまでババロアを流し入れ、平らにしてシロップを打った生地をおきます。器の上までババロアを流し入れ、平らにして冷蔵庫で2時間冷やし固めます。

⑬ **ジュレ**を作ります。

厚手の小鍋に水、グラニュー糖、コーンスターチを入れてよく混ぜます。マンゴーピューレを加え混ぜ、加熱します。軽く沸騰したら弱火にして10秒煮ます。

火を止め粗熱がとれたら、ホワイトラム、レモン汁を加え混ぜ、冷蔵庫で冷やしておきます。

⑭ ババロアに**ジュレ**を適量流します。

fin

ババロア・フランボワーズ

材料
口径7cm×底径4cm×高さ5.5cmのグラス　8個分

- 粉ゼラチン（ゼライス） …… 5g
- 冷水 …… 30g

- フランボワーズピューレ …… 150g

- 卵黄 …… 50g
- グラニュー糖 …… 50g
- ミルクパウダー …… 8g

- A
  - フランボワーズリキュール …… 50g
  - ホワイトラム …… 20g
  - レモン汁 …… 10g
  - バニラエッセンス …… 2〜3滴（0.2g）

- 生クリーム …… 150g

- スポンジ生地 …… 適量

- シロップ
  - フランボワーズピューレ …… 40g
  - 粉糖 …… 15g
  - フランボワーズリキュール …… 20g

- ジュレ
  - 水 …… 15g
  - グラニュー糖 …… 20g
  - コーンスターチ …… 4g
  - フランボワーズピューレ …… 100g
  - フランボワーズリキュール …… 10g
  - レモン汁 …… 5g

下準備

❶ 粉ゼラチンを冷水の中にふり入れて混ぜ、冷蔵庫に入れておきます。

❷ シロップの材料をすべてホイッパーでよく混ぜます。

❸ 生クリームを8分立てに泡立て、冷蔵庫で冷やしておきます。（P109参照）

❹ スポンジ生地を焼き（P110参照）、厚さ1.5cm、器の大きさにカットします。シロップを両面に打ち、冷蔵庫で冷やしておきます。

作りかた

1. 鍋にフランボワーズピューレを入れ、縁がフツフツする（80℃）まで加熱します。

2. ボウルに卵黄とグラニュー糖を入れ、ホイッパーを直線に往復させ、白っぽくなるまで十分に混ぜます。ミルクパウダーを加え混ぜます。

3. 2に1の1/3量を3回に分けて少しずつ加え、ホイッパーで円を描くようによく混ぜます。残りは手早く混ぜながら少しずつ加えます。

ポイントはP74「ショコラ」を参照してください。

4. 90℃くらいの湯煎にかけ、強く混ぜながら80℃まで加熱し、ドロッとしたとろみを十分につけます。

5. 湯煎からはずして、冷水でふやかしておいたゼラチンを加え混ぜます。ゼラチンをよく溶かしてから裏ごしします。

6. 氷水につけ、手早く混ぜながら40℃まで冷まします。

7. 氷水からはずして、Aを加え混ぜます。再度氷水にあてて、手早く混ぜながら18℃にします。

8. 8分立てにした生クリームを3回に分けて加えます。1回目はゴムべらでひとすくい加え、ホイッパーで円を描くように混ぜてから、底からすくい上げるように手早く混ぜます。

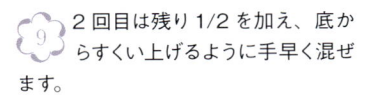

9. 2回目は残り1/2を加え、底からすくい上げるように手早く混ぜます。

10. ほぼ混ざったら、残りすべてを加え同様に混ぜます。

11. 十分に混ざったら、生クリームを入れていたボウルに移しかえ、ホイッパーを立てて円を描くように10回混ぜます。

12. 器の1/3くらいまでババロアを流し入れ、平らにしてシロップを打った生地をおきます。器の上までババロアを流し入れ、平らにして冷蔵庫で2時間冷やし固めます。

13. ジュレを作ります

厚手の小鍋に水、グラニュー糖、コーンスターチを入れてよく混ぜます。フランボワーズピューレを加え混ぜ、加熱します。軽く沸騰したら弱火にして10秒煮ます。

火を止め粗熱がとれたら、フランボワーズリキュール、レモン汁を加え混ぜ、冷蔵庫で冷やしておきます。

14. ババロアにジュレを適量流します。

fin

ムース・杏

素朴で素直な杏がさわやかなムースになりました。
泡がかたくなってきたら、あわてずさわがず加熱して。十分な泡立てが大切です。

ムース・柚子

柚子の涼やかな香りとふんわりの食感。
日本人なら誰もが食べたいムースに仕上がりました。
季節によって青柚子でも。

ムース・杏

材料
口径7cm×底径4cm×高さ5.5cmの
グラス　5個分

粉ゼラチン（ゼライス）	5 g
冷水	30 g
水	30 g
グラニュー糖	66 g
アプリコットピューレ a	30 g
生クリーム	130 g
アプリコットピューレ b	16 g
キルシュ	11 g
レモン汁	16 g

ジュレ
- 水 … 50 g
- グラニュー糖 … 10 g
- コーンスターチ … 5 g
- アプリコットピューレ … 100 g
- アプリコットリキュール … 10 g
- レモン汁 … 8 g

下準備

❶ 粉ゼラチンを冷水の中にふり入れて混ぜ、冷蔵庫に入れておきます。

❷ 生クリームを8分立て弱に泡立て、冷蔵庫で冷やしておきます。（P109参照）

❸ ジュレを作ります。
1. 厚手の小鍋に水、グラニュー糖、コーンスターチを入れてよく混ぜます。アプリコットピューレを加え混ぜ、加熱します。軽く沸騰したら弱火にして10秒煮ます。
2. 火を止め粗熱がとれたら、アプリコットリキュール、レモン汁を加え混ぜ、冷蔵庫で冷やしておきます。

作りかた

1 厚手の小鍋に水、グラニュー糖を入れて加熱し、沸騰したらよく混ぜて火を止めます。冷水でふやかしておいたゼラチンを加えよく溶かします。

2 1を手付き中ボウルに移し、アプリコットピューレaを加え混ぜます。

3 水につけながらハンドミキサー（ビーター1本）の速度2番で2分泡立て、30℃にします。

> 冷えすぎないように、氷水ではなく必ず水につけてください。

4 水からはずし速度3番で8～9分、十分に泡立てます。ツヤっぽさが少し消え、ビーターの跡がはっきりしてきます。

> 途中泡がかたくなってつぶれ始めたら、加熱しながら泡立ててください。

5 最後にごく弱火で軽く加熱しながら、速度3番で1分くらい泡立てます。

> 生クリームに混ざりやすくするため、泡の温度を少し上げてやわらかくします。

6 8分立て弱にした生クリームに、アプリコットピューレb、キルシュ、レモン汁を加え、ホイッパーで混ぜます。

7 5に6を1度に加え、ホイッパーで円を描くように混ぜてから、底からすくい上げるように手早く混ぜます。

8 丸口金をつけた絞り袋で、器の1/2くらいまでムースを平らに絞り、**ジュレ**を適量流します。さらに器の上までムースを絞り、冷蔵庫で冷やし固めます。

9 ムースに**ジュレ**を適量流します。

fin

ムース・柚子

材料
口径7cm×底径4cm×高さ5.5cmのグラス　6個分

粉ゼラチン（ゼライス）	5 g
冷水	30 g
水	30 g
グラニュー糖a	66 g
柚子の皮	2個分
柚子ジュース	70 g

本書では「柚子酢－ゆのすー」（成蹊食品）を使用

生クリーム	200 g
グラニュー糖b	40 g

ジュレ
柚子ジュース	70 g
水	30 g
グラニュー糖	40 g
コーンスターチ	4 g
柚子の皮	1/4個分

下準備

❶ 粉ゼラチンを冷水の中にふり入れて混ぜ、冷蔵庫に入れておきます。

❷ ムース、ジュレ用の柚子の皮は、それぞれ、表面部分だけをすりおろして、ムース用は1g、ジュレ用はひとつまみのグラニュー糖（分量外）とよくすり混ぜておきます。
白いワタの部分が入ると、苦味が出てしまいます。

❸ 生クリームを8分立て弱に泡立てます（P109参照）。グラニュー糖bを加え軽く混ぜ、冷蔵庫で冷やしておきます。

❹ ジュレを作ります。
1. 厚手の小鍋に柚子ジュース、水、グラニュー糖、コーンスターチを入れ、よく混ぜて加熱します。軽く沸騰したら弱火にして10秒煮ます。
2. 火を止め粗熱がとれたら、柚子の皮のすりおろしを加え混ぜ、冷蔵庫で冷やしておきます。

ポイントはP91「杏」を参照してください。

作りかた

1. 厚手の小鍋に水、グラニュー糖aを入れて加熱し、沸騰したらよく混ぜて火を止めます。冷水でふやかしておいたゼラチンを加えよく溶かします。

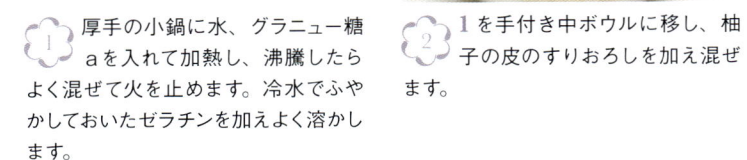

2. 1を手付き中ボウルに移し、柚子の皮のすりおろしを加え混ぜます。

3. 水につけながら、ハンドミキサー（ビーター1本）の速度2番で2分泡立て、30℃にします。

4. 水からはずし速度3番で8～9分、十分に泡立てます。ツヤっぽさが少し消え、ビーターの跡がはっきりしてきます。

5. 最後にごく弱火で軽く加熱しながら、速度3番で1分くらい泡立てます。

6. 8分立て弱にした生クリームに、柚子ジュースを加え、ホイッパーで混ぜます。

7. 5に6を1度に加え、ホイッパーで円を描くように混ぜてから、底からすくい上げるように手早く混ぜます。

8. 丸口金をつけた絞り袋で、器にムースを平らに絞り、冷蔵庫で冷やし固めます。

9. ムースに**ジュレ**を適量流します。

fin

おいしい たべかた

冷蔵庫から出して、十分に冷たいうちにいただきます。作ったその日が一番おいしいです。

ムース・抹茶

苦味と甘みのバランスが絶妙なムース。
抹茶は苦味が強くなり過ぎないものを選んで。
ホワイトチョコレートのコポーはお好みで。

ポイントは P91「杏」を参照してください。

材料 口径7cm×底径4cm×高さ5.5cmのグラス 6個分

- 粉ゼラチン（ゼライス）……… 5 g
- 冷水 …………………………… 30 g
- 水 a …………………………… 42 g
- グラニュー糖 ………………… 68 g
- 生クリーム …………………… 165 g
- 抹茶 …………………………… 7 g
  本書では「寶相華ーほうそうげんー」
  （宇治すみよ園）を使用
- 水 b …………………………… 22 g
- キルシュ ……………………… 8 g

ソース
- 水 …………………………… 120 g
- グラニュー糖 ………………… 50 g
- 抹茶 …………………………… 4 g
- コーンスターチ ……………… 5 g
- キルシュ ……………………… 10 g

飾り
- ホワイトチョコレート……適量

下準備

❶ 粉ゼラチンを冷水の中にふり入れて混ぜ、冷蔵庫に入れておきます。

❷ 生クリームを8分立て弱に泡立て、冷蔵庫で冷やしておきます（P109参照）。

❸ ソースを作ります。
 1. 厚手の小鍋に水、グラニュー糖、抹茶、コーンスターチを入れ、よく混ぜて加熱します。軽く沸騰したら弱火にして10秒煮ます。
 2. 火を止め粗熱がとれたら、キルシュを加え混ぜ、冷蔵庫で冷やしておきます。

作りかた

1. 厚手の小鍋に水a、グラニュー糖を入れて加熱し、沸騰したらよく混ぜて火を止めます。冷水でふやかしておいたゼラチンを加えよく溶かします。

2. 1を手付き中ボウルに移し、水につけながら、ハンドミキサー（ビーター1本）の速度2番で2分泡立て、30℃にします。

3. 水からはずし速度3番で8～9分、十分に泡立てます。ツヤっぽさが少し消え、ビーターの跡がはっきりしてきます。

4. 最後にごく弱火で軽く加熱しながら、速度3番で1分くらい泡立てます。

5. 8分立て弱にした生クリームに、水bで溶いた抹茶、キルシュを加え、ホイッパーで混ぜます。

6. 4に5を1度に加え、ホイッパーで円を描くように混ぜてから、底からすくい上げるように手早く混ぜます。

7. 丸口金をつけた絞り袋で、器の1/2くらいまでムースを平らに絞り、ソースを適量流します。さらに器の上までムースを絞り、冷蔵庫で冷やし固めます。

8. ムースにソースを適量流します。

9. ホワイトチョコレートのコポーを作り、飾ります。

コポーの作りかた

① 爪を立ててみて、かために入る程度にチョコレートをやわらかくしておきます。

② ペティナイフをチョコレートの面に対して垂直に立てて、向こう側に削ります。

ムース・ココナッツ

ココナッツの優しい味わいと香りを楽しむムース。
ほかのムースと違い、ホイッパーで円を描くように、丸く混ぜて作ります。

材料 口径7cm×底径4cm×高さ5.5cmのグラス 7個分

粉ゼラチン（ゼライス）…… 5 g	スポンジ生地 ………… 適量
冷水 ……………………… 30 g	
牛乳 ……………………… 180 g	**シロップ**
ココナッツミルク ……… 80 g	水 ……………………… 50 g
グラニュー糖 …………… 55 g	グラニュー糖 ………… 15 g
	ココナッツリキュール … 15 g
バニラエッセンス	**飾り**
……………… 8滴（0.6 g）	生クリーム …………… 100 g
ココナッツリキュール … 15 g	グラニュー糖 ………… 10 g
	ココナッツロング …… 適量
生クリーム ……………… 160 g	

下準備

❶ 粉ゼラチンを冷水の中にふり入れて混ぜ、冷蔵庫に入れておきます。

❷ 型の準備をします。
1. スポンジ生地を焼き（P110参照）、厚さ1.5cm、器の大きさにカットします。市販のスポンジ生地でもかまいません。
2. スポンジ生地の両面に**シロップ**を打ち、器の底に入れ冷蔵庫で冷やしておきます。

❸ 生クリームを8分立てに泡立て、冷蔵庫で冷やしておきます。（P109参照）

❹ ムースを移しかえるためのボウルを、冷蔵庫で冷やしておきます。

作りかた

1. 鍋に牛乳、ココナッツミルク、グラニュー糖を入れて加熱し、沸騰したらよく混ぜて火を止めます。ボウルに移し、冷水でふやかしておいたゼラチンを加えよく溶かします。

2. 氷水につけ、ホイッパーで混ぜながら40℃まで冷まし、バニラエッセンス、ココナッツリキュールを加え混ぜます。さらに10℃まで冷まします。

3. 8分立てにした生クリームに2を少しずつ加え、ホイッパーで円を描くように混ぜます。

4. 冷やしておいたボウルに、3を同様に混ぜながら流し入れます。

ボウルを移しかえることで、下の方まで十分に混ざります。

5. 冷やしておいた器に流し入れ、冷蔵庫で冷やし固めます。

6. やっと角が立つくらいの9分立てにした生クリームを絞り、刻んだココナッツロングをふり、飾ります。

fin

Japonais

和の冷たいデザート

フランス菓子屋が和のデザート？　ちょっとおかしな話かもしれません。でもおいしさのため、試作を何度も何度も繰り返し、「アイスキャンディー」「カキ氷」「水羊羹」と、ちょっと懐かしいデザートを作り上げました。どこにでもある、慣れ親しんだデザートだからこそ、「素材が変わるとこんなにおいしい」ことをきっと実感できるでしょう。

アイスキャンディー

ただ冷やし固めただけ。
なのに「こんなにおいしいアイスキャンディー食べたことない」
と言わせる絶品の自信作ができました。

あずきバー

材料
アイスキャンディー型 4本分

あずき
- ゆであずき……… 66 g
- 牛乳……………… 40 g
- 生クリーム……… 8 g
- 蜂蜜（菩提樹）…… 6 g
- キャソナッドゥ…… 16 g

蜂蜜ミルク
- A
  - 牛乳……………… 91 g
  - 生クリーム……… 52 g
  - 蜂蜜（菩提樹）…… 25 g
  - キャソナッドゥ…… 23 g
- バニラエッセンス… 5滴 (0.4g)

作りかた

1. **あずき**の材料をすべて鍋に入れ、縁がフツフツする（80℃）まで加熱します。

2. 氷水につけて10℃まで冷まします。

3. 冷凍庫に入れ、少し凍ったらスプーンで混ぜます。

4. 型に 3 を半分くらいまで（34 g）入れ、冷凍庫で凍らせます。

5. **蜂蜜ミルク**の**A**の材料を鍋に入れ、縁がフツフツする（80℃）まで加熱します。

6. 氷水につけて10℃まで冷まし、バニラエッセンスを加えます。

7. 4 が十分に凍ったら、6 を上まで流し入れます。少し凍ったら棒をさし、ふたたび冷凍庫で十分に凍らせます。

> 型から抜く時は、少し熱めのお湯（60℃くらい）に10〜15秒つけて抜いてください。

おいしい たべかた

−30℃くらいの冷凍庫の場合は冷蔵庫に10分、−20℃くらいの冷凍庫の場合は5〜6分冷蔵庫に入れ、少し柔らかくしてから食べるとよりいっそうおいしくいただけます。

ココナッツバー

材料
アイスキャンディー型　4本分

A
- 牛乳a ……………… 100 g
- ココナッツミルク ……… 50 g
- コンデンスミルク ……… 20 g
- グラニュー糖 ………… 30 g
- 生クリーム …………… 60 g

B
- バニラエッセンス … 6滴 (0.5g)
- レモン汁 ……………… 4 g
- ココナッツリキュール … 12 g

作りかた

1. Aの材料を鍋に入れ、縁がフツフツする（80℃）まで加熱します。

2. 氷水につけて10℃まで冷まし、Bを加えて混ぜます。

3. 型に流し入れます。冷凍庫に入れ、少し凍ったら棒をさし、ふたたび冷凍庫で十分に凍らせます。

マンゴーバー

材料
アイスキャンディー型　4本分

- マンゴーピューレ ……… 160 g
- レモン汁 ……………… 6 g
- グラニュー糖 ………… 24 g
- 水 …………………… 112 g

作りかた

1. 材料をすべて鍋に入れ、混ぜながら30℃まで加熱し、グラニュー糖を溶かします。

2. 氷水につけて10℃まで冷まします。

3. 型に流し入れます。冷凍庫に入れ、少し凍ったら棒をさし、ふたたび冷凍庫で十分に凍らせます。

カキ氷

色がついているだけの砂糖水。
そんなシロップに満足できないあなたに、とびきりのおいしさのかき氷をお届けします。

カキ氷 宇治金時

材料 2人分

- シロップ
  - 水 ・・・・・・・・・・・・・・・ 25 g
  - グラニュー糖 ・・・・・・・・・ 40 g

- 抹茶シロップ
  - 水 a ・・・・・・・・・・・・・・・ 5 g
  - 抹茶 ・・・・・・・・・・・・・ 2.5 g
  - 水 b ・・・・・・・・・・・・・・・ 3 g
  - シロップ ・・・・・・・・・・・ 40 g
  - キルシュ ・・・・・・・・・・・・ 2 g

  なければ加えなくてかまいません

- あずき
  - ゆであずき ・・・・・・・・・ 50 g
  - シロップ ・・・・・・・・・・・ 10 g

- カキ氷 ・・・・・・・・・・・・・・ 140 g

作りかた

1. **シロップ**を作ります。
   鍋に水とグラニュー糖を入れ、十分に混ぜてから火にかけます。沸騰したら火を止め冷まします。抹茶シロップ、あずき用を量っておきます。

2. **抹茶シロップ**を作ります。
   ① 水 a と抹茶を小さいホイッパーでよく混ぜて、なめらかなペースト状にします。
   ② 水 b を加え混ぜます。
   ③ **1のシロップ** 40 g を加え混ぜます。
   ④ キルシュを加え混ぜ、冷蔵庫で十分に冷やします。

3. **あずき**を作ります。
   ゆであずきに **1のシロップ** 10 g を加え混ぜ、冷蔵庫で十分に冷やします。

   抹茶シロップ　あずき

4. 冷やしておいたグラスに**抹茶シロップ** 15 g を入れ、その上に**あずき** 30g をのせます。

5. カキ氷 30 g をのせ、**抹茶シロップ** 5 g をかけます。

6. カキ氷 40 g をのせ、**抹茶シロップ** 5 g をかけます。

fin

カキ氷 苺ミルク

材料 2人分

- 苺シロップ
  - 苺ピューレ ・・・・・・・・・ 50 g
  - グラニュー糖 ・・・・・・・・ 35 g
  - レモン汁 ・・・・・・・・・・・・ 8 g

- ミルク
  - 生クリーム ・・・・・・・・・ 30 g
  - 牛乳 ・・・・・・・・・・・・・・・ 5 g
  - グラニュー糖 ・・・・・・・・ 15 g
  - バニラエッセンス ・・・・・・・・・・・・・・・ 1 滴 (0.1g)

- カキ氷 ・・・・・・・・・・・・・・ 150 g

作りかた

1. **苺シロップ、ミルク**それぞれ材料をすべて混ぜ、冷蔵庫で十分に冷やします。

   苺シロップ　ミルク

2. 冷やしておいたグラスに**苺シロップ** 25 g を入れます。

3. カキ氷 35 g をのせ、**苺シロップ** 5 g をかけます。

4. カキ氷 40 g をのせ、**ミルク** 15 g をかけます。

fin

カキ氷 マンゴー

材料 2人分

マンゴーシロップ
- マンゴーピューレ …… 50 g
- グラニュー糖 ………… 30 g
- レモン汁 ……………… 6 g

カキ氷 ………………… 160 g

作りかた

1. マンゴーシロップの材料をすべて混ぜ、冷蔵庫で十分に冷やします。 
2. 冷やしておいたグラスに**マンゴーシロップ** 25 g を入れます。
3. カキ氷 40 g をのせ、**マンゴーシロップ** 5 g をかけます。
4. カキ氷 40 g をのせ、**マンゴーシロップ** 5 g をかけます。

fin

カキ氷 フランボワーズ

材料 2人分

フランボワーズシロップ
- フランボワーズピューレ ……………………… 35 g
- グラニュー糖 ………… 32 g
- レモン汁 ……………… 7 g
- フランボワーズリキュール ……………………… 8 g

カキ氷 ………………… 130 g

作りかた

1. **フランボワーズシロップ**の材料をすべて混ぜ、冷蔵庫で十分に冷やします。 
2. 冷やしておいたグラスに**フランボワーズシロップ** 25 g を入れます。
3. カキ氷 35 g をのせ、**フランボワーズシロップ** 5 g をかけます。
4. カキ氷 30 g をのせ、**フランボワーズシロップ** 5 g をかけます。

fin

カキ氷
杏

材料 2人分

杏シロップ
杏ピューレ ………… 42 g
グラニュー糖 ……… 30 g
レモン汁 …………… 4 g
キルシュ …………… 1 g

カキ氷 …………… 160 g

作りかた

1. **杏シロップ**の材料をすべて混ぜ、冷蔵庫で十分に冷やします。

2. 冷やしておいたグラスに**杏シロップ**25 gを入れます。

3. カキ氷40 gをのせ、**杏シロップ**5 gをかけます。

4. カキ氷40 gをのせ、**杏シロップ**5 gをかけます。

fin

水羊羹

和菓子屋さんのレシピにも負けない、本当においしい水羊羹。
子供からお年寄りまで、みんなの笑顔がこぼれます。

水羊羹 あずき

材料
8.5cm × 12cm × 高さ6cm の
ステンレス深型バット1個分

水	200 g
粉寒天	2 g

本書では「粉末寒天」（萬藤）を使用

黒砂糖	15 g
ゆであずきa	200 g

（裏ごしして150gを使用）

ゆであずきb	100 g

本書では「丹波大納言ゆであずき」（清水食品株式会社）を使用

蜂蜜（アカシア）	10 g
塩	0.1 g

下準備

① ゆであずきaを裏ごしして、150gを量っておきます。

作りかた

① 鍋に水と粉寒天を入れ、よく混ぜて加熱します。沸騰したら弱火にして2分煮ます。

② 粉寒天が完全に溶けたら黒砂糖を加えます。黒砂糖が溶けるまで煮ます。

③ 裏ごししたゆであずきaの1/2量を加え、ゆっくり混ぜながら煮ます。あずきが寒天液に溶けてほぼ混ざったら、残り1/2量を加え混ぜます。

④ フツフツしているところに、ゆであずきbを一度に加え混ぜ、中火にします。

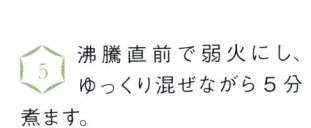

⑤ 沸騰直前で弱火にし、ゆっくり混ぜながら5分煮ます。

⑥ 蜂蜜と塩を加え混ぜ、すぐに火を止めます。

⑦ 鍋ごと水で冷やし、粗熱をとります。

> 湯気が出なくなって、少しだけとろみがついた（55℃）くらいです。

⑧ 容器に流し入れ、固めます。

> 常温でも固まりますが、冷蔵庫で冷やすといっそうおいしくいただけます。

fin

水羊羹
栗

材料
8.5cm × 12cm × 高さ6cm の
ステンレス深型バット1個分

水	200 g
粉寒天	2 g

本書では「粉末寒天」(萬藤)を使用

グラニュー糖	35 g
パートゥ・ドゥ・マロン	250 g
マロンシロップ漬け	80 g
蜂蜜(百花蜜)	5 g

下準備
❶ マロンシロップ漬けを5mm角に切っておきます。

作りかた

1. 鍋に水と粉寒天を入れ、よく混ぜて加熱します。沸騰したら弱火にして2分煮ます。

2. 粉寒天が完全に溶けたらグラニュー糖を加えます。グラニュー糖が溶けるまで煮ます。

3. パートゥ・ドゥ・マロンの1/2量を加え、ゆっくり混ぜながら煮ます。マロンが寒天液に溶けてほぼ混ざったら、残り1/2量を加え混ぜ、中火にします。

4. 沸騰直前で弱火にし、ゆっくり混ぜながら4分煮ます。

5. マロンシロップ漬けを加え、1分煮ます。

6. 蜂蜜を加え混ぜ、すぐに火を止めます。

7. 鍋ごと水で冷やし、粗熱をとります。

8. 容器に流し入れ、固めます。

fin

イル・ブルーの厳選素材
マロンシロップ漬け

糖度45度。非常に風味があり、保存料、着色料を使わない最高の自然食品です。

よりおいしく作るために

よく使うパーツやあらかじめ準備しておくパーツの、良い状態を把握しておくことで、よりおいしいお菓子を作ることができます。また、スポンジ生地（ジェノワーズ）などは市販のものでもかまいませんが、ちょっとがんばって焼いてみると、おいしさの違いが分かり、お菓子作りの楽しさにつながります。

a 生クリームの泡立て

生クリームはいずれも氷水の入ったボウルにつけて泡立ててください。基本はホイッパーですが、6分立て（ホイッパーで持ち上げると跡がすぐ消える程度）まではハンドミキサーで泡立ててもかまいません。
8分立て弱は、8分立てより少しやわらかく、ツヤのある状態です。

8分立て
適度にかたさがあり、ホイッパーで持ち上げると立った角の先が曲がる程度。

b レモンの皮のすりおろし

1 レモン表面の黄色い部分だけをすりおろし、少量のグラニュー糖と合わせ、パレットナイフですり合わせます。

2 少し水分が出るまですり合わせ、香りを出しておきます。

レモン1/3個分 → グラニュー糖ひとつまみ
レモン1/2個分 → グラニュー糖ふたつまみ
レモン1個分 → グラニュー糖4つまみ
を基準に表記してあります。

c バニラ棒を縦に裂いておく

プティクトーや包丁などで縦に裂き、中の種をこそぎとっておきます。種と共にサヤごと使用します。

d

ビーターで
うず巻き状に混ぜる

ビーターの上の部分をつまむように持って、中心から外側へ向かってうず巻き状に混ぜ、同じ様に外から中心へと混ぜます。これで1回混ぜたことになります。5秒に1回くらいが基本です。

e

基本のスポンジ生地（ジェノワーズ）

泡立てた全卵に、粉と溶かしバターを加えた生地です。
全卵とグラニュー糖を加熱して混ぜる時に、正確に40℃にすることがポイントです。生地のできあがりを大きく左右しますので、かならずキチンと計ってください。また泡立てにはハンドミキサーを使い、空気をたくさん含んだつぶれにくい泡を作ってください。
きめ細かいしっかりした生地を作ってみましょう。

材料
直径18cmのジェノワーズ型　1台分

全卵	110 g
グラニュー糖	80 g
薄力粉	35 g
強力粉	35 g
バター	15 g
牛乳	20 g

下準備

❶ 型の底と横に紙を敷いておきます。

❷ オーブンを予熱しておきます。
- ガス高速オーブン　170℃
- 電子レンジオーブン　200℃

❸ 薄力粉、強力粉は作る直前にふるっておきます。

作りかた

1. 深大ボウルに全卵を入れ、グラニュー糖を加え、弱火で加熱します。ホイッパーでボウルの底全体をこするように小きざみに動かして混ぜながら、40℃にします。
   > 必ず温度計を使ってください。

2. 40℃になったら火からおろし、ハンドミキサー（ビーター2本）の速度3番で4分泡立てます。
   > できるだけ速い方がよく泡立ちます。

3. 粉を4回に分けて加えます。1回目は大さじ2杯を加え、ハンドミキサーからはずしたビーター1本で、ゆっくりうず巻き状に混ぜます（P110参照）。粉が2/3くらい混ざったら、2回目も同様に加え混ぜます。

4. ひとまわり大きなボウルに移しかえ、3、4回目も同様に加え混ぜます。

5. すべての粉を加えだいたい混ざったら、ゴムべらでボウルのまわりをはらいます。

6. 小鍋にバターと牛乳を入れ、沸騰寸前まで温めます。5に2回に分けて加え、ビーター1本でゆっくりうず巻き状に混ぜます。

7. だいたい混ざったらゴムべらでボウルのまわりをはらい、最後にビーター1本でゆっくりうず巻き状に1回混ぜます。

8. 型に生地を流し入れ、オーブンで焼きます。
   - ガス高速オーブン　160℃で30分
   - 電子レンジオーブン　180℃で30分

   > 表面がほぼ平らになり、型との間に5mmくらいのすき間ができたらオーブンから出してください。

9. 型からはずし、底を上にして網の上にのせて冷まします。

イル・ブルーの厳選素材
オススメ材料一覧

本書で使用し、弊社営業部、インターネット通信販売、直営店エピスリーで購入できる材料をご紹介します。〔お問い合わせ・ご注文先はP118をご覧下さい〕
弊社で独自に輸入している商品を中心に、秀逸な材料をそろえております。

直輸入の取扱商品
レシピ中の表記と商品名が異なる場合は、商品名を〔 〕内に記しています。

酒類

ルゴル社
フランス

①キルシュ
さくらんぼの糖分を醗酵させ、2度蒸留して熟成させたもの。明るく楽しい香り。アルコール度数45度。

②オレンジキュラソー
〔オランジュ40°/60°〕
イスラエル産のビターオレンジの皮を漬け込んだ深く豊かな香りを持つオレンジのリキュール。他の素材に負けないしっかりとした味と香りが特徴。アルコール度数40度のものと60度のものがあります。

③ポワール・オ・ドゥ・ヴィ
〔ポワール・ウィリアム〕
ウィリアム種の洋梨を醗酵させ、2度蒸留して熟成させたもの。洋梨の優しさを際立たせます。アルコール度数43度。

④ダークラム
豊かで深みのある樽の香りがお菓子に十分な力強さを与えます。アルコール度数54度。

⑤フランボワーズ・オ・ドゥ・ヴィ
〔フランボワーズ〕
フランボワーズを醗酵させ、2度蒸留して熟成させたもの。フランボワーズがより妖艶に姿を変えました。アルコール度数45度。

ジョアネ社
フランス

アブリコットリキュール
杏のおいしさに改めて驚くリキュールです。明るく暖かさに満ちたゆったりとした味わいが口中で踊ります。まさにコート・ドールの土地と太陽の恵みがゆっくり溶け合った風情です。
アルコール度数18度。

フランボワーズリキュール
正にコート・ドールの恵みそのもののフランボワーズで作りあげられた逸品。優しく本当に豊かな味わいが口中に広がります。
アルコール度数18度。

カシスリキュール
口にする人を圧倒する豊かな味わいを持ったカシスで作られたリキュールです。
人の心に覆いかぶさってくるような独自の力のある香りと、深い味わいの酸味には驚かされるばかりです。
アルコール度数16度。

蜂蜜

エッセンス・香料

サセベ社
フランス 🇫🇷

カルバドス
リンゴの糖分を醗酵、蒸留し、樽熟成後に瓶詰めして長期間熟成させたもの。しっかりとした存在感とビロード感のある舌触り、長く十分な香り、力と厚みのある味わい。アルコール度数40度。

オージエ社
フランス 🇫🇷

蜂蜜
（百花蜜／菩提樹／ラベンダー／アカシア）
天然蜂蜜。南仏プロヴァンスの豊かな大地でつくられた、個性的な味わい。

セバロム社
フランス 🇫🇷

バニラエッセンス
マダガスカル産。バニラ・ビーンズから抽出した一番搾りで、お菓子のおいしさを広げます。

バニラ棒〔バニラ・ビーンズ〕
マダガスカル産。お菓子全体の味わいを高める豊かで途切れのない香り。

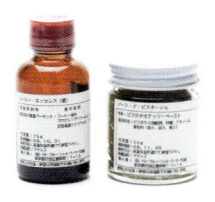

ザ・ラム・カンパニー
ジャマイカ 🇯🇲

ホワイトラム〔JB〕
明るくツンとした芯を持った香りが、お菓子に使うフルーツの新鮮な香りを支えます。アルコール度数63度。

冷蔵フルーツピューレ

アプチュニオン社
フランス 🇫🇷

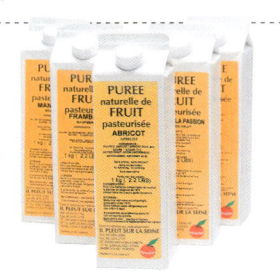

杏〔アプリコ〕／洋梨〔ポワール〕
カシス／フランボワーズ
白桃〔ペーシュ〕
フランス、ローヌ渓谷地方のフルーツを使った力強い味わいの冷蔵ピューレ。

マンゴー〔マンゴ〕／パッションフルーツ
コートジボワール産とインド産のマンゴー、コートジボワール産と南アフリカ産のパッションフルーツを使用。

コーヒーエッセンス
コーヒー豆を粉砕後、蒸気にて抽出し、アルコール・糖液などを混合させたもの。

パード・ド・ピスターシュ
ピスタチオをペースト状に挽き、砂糖、色素などを加えたもの。

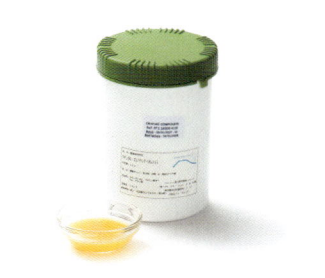

オレンジコンパウンド
〔ナチュラルコンパウンド・オレンジ〕
天然の素材を中心につくられたコンパウンド。

113

ナッツ類

アリクサ社
スペイン

アーモンドスライス
〔マルコナアーモンドスライス〕

アーモンドダイス
〔マルコナアーモンドダイス〕

降水量の少ないスペインのカタルーニャ地方レリダ産のマルコナ種のアーモンド。油脂分を多く含み、香りが豊かでお菓子の新鮮な味わいが長続きします。ダイスは酸化を防ぐため日本国内で加工。

チョコレート

ベック社
フランス

セミスイートチョコレート
〔クーベルチュール・アメリカオ〕
カカオ分 72%。

スイートチョコレート
〔クーベルチュール・アメール・オール〕
カカオ分 66%。穏やかで上品な味わいで、香りはまさにオール（金）の趣。

カカオ・パートゥ
カカオマス 100%。

ドライフルーツ

ロングセル社
フランス

ドライポワール
スペインのヴァレンシア地方の豊かな土地でつくられたドライの洋梨。

ドライプルーン
南フランスのアジャン種プルーン使用。

ハザル社
トルコ

ドライアプリコット
穏やかでありながらしっかりとした味わい。

その他

レジレ社
フランス

ミルクパウダー
乳脂肪 26%の全脂粉乳

ホセ・ポサダ社
スペイン

パートゥ・ドゥ・マロン
栗の含有率 75%、糖度 55 度。

マロンシロップ漬け
糖度 45 度。

セバロム社
フランス

バニラシュガー〔シュクル・ヴァニエ〕
グラニュー糖にバニラエッセンスを混ぜたもの。少量のお菓子を作る時、簡単に香りを拡散させることができます。ひとつまみ振りかけるだけで、ぐっとおいしさが増します。

直輸入以外の取扱商品

・グラニュー糖〔シュクレーヌ〕　　・冷凍フランボワーズ

・キャソナッドゥ〔ベギャンゼ キャソナード〕　　・ココナッツロング〔ココナッツ シュレッド〕

IL PLEUT SUR LA SEINE
イル・プルー・シュル・ラ・セーヌのご案内

一人の菓子屋が始めた「セーヌ河に雨が降る」という意味のパティスリー
「イル・プルー・シュル・ラ・セーヌ」が誕生して20年の歳月が流れました。
そしてこれまでこの日本で、よりフランス的な味わいを確立するために
さまざまな活動をしてきました。
その考えはさらに発展し、
人間としての共通のおいしさとは何か、日本人にとっての真実のおいしさとは何かを
考えています。

「日本でフランスと同じ味わいのフランス菓子を必ず作り上げ、多くの人に伝えたい」
という強い情熱と執念が、4つの大きな柱
「つくる」「教える」「素材の開拓」「伝える」を生み出しました。
すべて嘘偽りない、心と身体のための本当のおいしさを追求する事柄です。

つくる

パティスリー
イル・プルー・シュル・ラ・セーヌ

**時代に流されない孤高の味わい。
日本において真実のフランス菓子は
ここにしかありません！**

　東京・代官山にあるパティスリーでは、オーナー・パティシエ　弓田亨の強い信念から生まれた力強く、揺るがない「美味孤高」の思いの下、日本における最高のフランス菓子作りをめざしています。多くのパティスリーが乱立する中、浮ついた心なく真実の味を追究し続けているのは、弊社だけだと自負しております。

　より味をご理解いただくため、お菓子を食べる温度を重視しており、店内でしかご提供できないお菓子もございます。一度足をお運びください。真偽はお客様ご自身の舌でお確かめください。

↑生菓子や焼き菓子の他、チョコレートやグラス（アイスクリーム）も取り揃えております。

→テラス席（5テーブル・15席）も併設しております。トレトゥール（お惣菜）ランチなどいかがですか？

「好きこそ物の上手なれ」で、日々これ精進の現在であります。私自身が作り続けること、苦悩し続けること、またこれからもイル・プルーのお菓子が変わらず輝き続けることができること。『続けること』が私のテーマです。激変する時代の味達の中で、守るべき味、語り継ぐべき味を作り続けていきたいと思っています。

（シェフ・パティシエ／川瀬誠士）

教える

嘘と迷信のないフランス菓子・料理教室

**オーナー・パティシエ　弓田亨が指導。
パティスリーの味を
自らの手で再現できます！**

　1988年開講以来、生徒さんたちとの実践の中で教える技術が築かれてきました。少しの意欲があればすぐ上達します。半年もすると世の中に溢れる偽りのおいしさに気づき、自分が作ったお菓子と、イル・プルー・シュル・ラ・セーヌのお菓子以外は食べられなくなります。さらに嘘偽りのない確かな技術に大きな自信を持ち、ほとんど初心者だった方が2～3年後にお店を出す、そんなことも可能にする教室です。

テーブルを回って細かく指導します。
本書の著者である椎名、深堀も、もちろん教壇に立ちます。

★フランス菓子本科第1クール（全40回/112品）
1回の授業で2～3台のアントルメをお1人でお作りいただけます。

★入門速成科（全20回/27品）
誰でも簡単にショートケーキやモンブランが作れるよう指導します。

★フランス料理（全20回）
手間を惜しまない本格的なフランス料理が学べます。

★夏期・冬期・短期講習会

素材の開拓

製菓材料輸入・通信販売／営業部

執拗に心を緩めることなく
探し得た秀逸な素材。
本物の持つ味と香りが、
あなたのお菓子を高みへと導きます。

　オーナーパティシエ　弓田亨が毎年フランス、スペインを回り、味に誠実なメーカーとの家庭的な付き合いを通じて選んだこだわりの素材を輸入販売しています。

自分の目や舌、すべての感覚を持って「素材の善し悪し」を判断し、秀逸な素材を探し得ました。その味わいを多くのパティシエに知って欲しい。そしてそれを追求のための良心の糧としていただきたいのです。

　十数年前、一介のパティシエが製菓材料の輸入を始めた理由は、フランスで手にするものと同じ品質、おいしさを持つ素材を使って、この日本で本当においしいフランス菓子を作りたい、その一心からでした。是非一度私達が誇りとする味わいを皆さんの目で、舌で検証して欲しいのです。

弓田亨

チョコレート（フランス・ベック社）
・クーベルチュール　アメール・オール
・クーベルチュール　スーパー・ゲアキル
・イヴォワール

アーモンド（スペイン・アリクサ社）
・マルコナ皮むきアーモンド
・マルコナスライスアーモンド
・マルコナアーモンドダイス

酒類（フランス・ルゴル社／ジョアネ社）
・キルシュ
・オランジュ 40°/60°
・ダークラム
・カシス／フランボワーズリキュール

取扱商品のほんの一部です。
この他ドライフルーツ、フルーツピューレ、エッセンス等多数ございます。
営業部（03-3476-5195）までお問い合わせください。

素材の開拓＆教える

製菓材料・器具販売とデモンストレーション
エピスリー　イル・プルー・シュル・ラ・セーヌ

本当のおいしさに心と身体がよろこぶ
素材の宝庫。
お菓子作り大好きなスタッフが
お待ちしています。

　東京・恵比寿にあるエピスリーは、こだわりの製菓材料と器具を販売しています。地下1Fでは初心者からプロまで、お菓子作りに関わるすべての方々のために、毎日のようにさまざまな講習会を開催しています。すべての講習会は2～3時間程度ですので、気軽にお立ち寄りいただけます。

↑製菓材料だけでなく、天然蜂蜜、オリーブオイル、赤ワインビネガーなどフランス産、スペイン産の良質な素材も数多くあります。

　19歳の時にイル・プルーの本に出会って、ジェノワーズを焼いた時、不器用な自分が「こんなにおいしいお菓子が作れたこと」に衝撃を受けました。今は一人でも多くのお客様にこのおいしい衝撃を体感していただきたい！　そんな思いで皆様のお菓子作りのお手伝いをさせていただいております。お菓子作りの楽しいご相談など、スタッフ一同お待ちしております。

（写真中央／店長・坪内）

伝える

出版

プロ志向、お菓子作り好きの方々のため、
本当においしく作れる本格フランス菓子・料理本
の企画・編集・出版を手がけています。

イル・プルー・シュル・ラ・セーヌへの各種お問合せ先

フランス菓子・料理のことなら
パティスリー　イル・プルー・シュル・ラ・セーヌ
嘘と迷信のないフランス菓子・料理教室

パティスリー
TEL　　　03-3476-5211
FAX　　　03-3476-5212
営業時間　11：30〜19：30
定休日　　火曜
　　　　　（祝日の場合は翌日振替）
☆焼き菓子やギフトのご注文はインターネットでも受付中。

教室
TEL　　　03-3476-5196
FAX　　　03-3476-5197
☆短期講習会や1日体験入学、無料見学会なども随時受付ております。

〒150-0033
東京都渋谷区猿楽町 17-16　代官山フォーラム2F
🚃 東急東横線「代官山駅」より徒歩5分
🚌 東急トランセ「代官山フォーラム前」下車すぐ

製菓材料を直接購入したいなら
エピスリー　イル・プルー・シュル・ラ・セーヌ

エピスリー
TEL　　　03-5792-4280
FAX　　　03-3441-4745
営業時間　11：00〜20：00
定休日　　火曜（祝日の場合は翌日振替）
☆講習会の予約はインターネットでも受付中。

〒150-0013
東京都渋谷区恵比寿 3-3-8　ラピツカキヌマビル
🚃 JR「恵比寿駅」より徒歩10分
🚌 都バス「田87」系統「恵比寿2丁目」下車徒歩1分

書籍のことなら
出版部

TEL 03-3476-5214　FAX 03-3476-3772
〒150-0021　東京都渋谷区恵比寿西 1-16-8　彰和ビル2F

☆紀伊國屋書店、丸善、ジュンク堂書店他、全国有名書店にてお買い求めいただけます。
店頭にない場合は、書店でご注文いただくか、上記までご連絡ください。

プロ向け製菓材料・通信販売のことなら
営業部

TEL 03-3476-5195　FAX 03-3476-3772
〒150-0021　東京都渋谷区恵比寿西 1-16-8　彰和ビル2F

☆ご注文、カタログのご請求・お問合わせは上記TEL、またはFAX、ホームページまで。

☆インターネット通信販売「楽天市場」でも取扱中
http://www.rakuten.co.jp/ilpleut

すべての詳細は
http://www.ilpleut.co.jp

イル・ブルー・シュル・ラ・セーヌ企画の本

初・中級者向けお菓子のレシピ本のご紹介

代官山『イル・ブルー・シュル・ラ・セーヌ』が創る
新シフォンケーキ 心躍るおいしさ
- 人気講習会から選りすぐった22のレシピ -

メレンゲをほぼ混ぜ終わったあとに粉を加え、オリジナル器具エキュモワールで混ぜる新食感のシフォンケーキレシピ。プレーンのシフォンをベースに、フルーツ、和風、香り、さらには塩味まで豊かなバリエーションが楽しめます。

弓田亨／深堀紀子　共著
ISBN978-4-901490-15-3　A4変形判　96頁　定価：本体2,500円

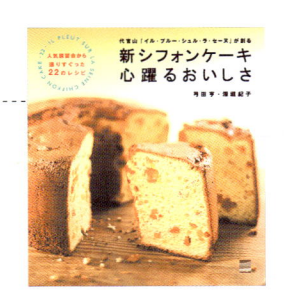

嘘と迷信のないフランス菓子教室
一人で学べる
とびきりのおいしさのババロアズ

家庭で一人でも学べ、さらにプロ以上においしく作れるババロアのケーキのレシピ。オレンジやカシス、フランボワーズなどフルーツを使ったものから、紅茶や白ワイン、チョコレートを使ったものまで、色鮮やかなケーキが18種。

弓田亨／椎名眞知子　共著
ISBN978-4-901490-16-0　AB判　104頁　定価：本体2,500円

嘘と迷信のないフランス菓子教室
一人で学べる
イル・ブルーのパウンドケーキ　おいしさ変幻自在

代官山のパティスリー『イル・ブルー・シュル・ラ・セーヌ』の歴史を彩ってきた、数々のパウンドケーキのレシピがぎっしり詰まっています。杏、いちじく、りんごとキャラメル…、パティスリーに負けないおいしさを自分の手で作ってみませんか？

弓田亨／椎名眞知子　共著
ISBN978-4-901490-20-7　AB判　120頁　定価：本体2,500円

その他、プロ向けフランス菓子、フランス料理、健康のための家庭料理の本なども取り揃えております。
紀伊國屋書店、丸善、ジュンク堂書店他、全国有名書店にてお買い求めいただけます。
詳しくはインターネット、もしくは出版部にお問合せください。

イル・プルーのはじめてみよう 1.2.3
一年中 いつでもおいしい
いろんな 冷たいデザート

著者　椎名眞知子／深堀紀子

2008年5月1日　第1刷発行

発行者　弓田亨
発行所　株式会社イル・プルー・シュル・ラ・セーヌ企画
〒150-0033
東京都渋谷区猿楽町 17-16　代官山フォーラム 2F
http://www.ilpleut.co.jp

印刷・製本　凸版印刷株式会社

書籍に関するお問合せは、出版部まで。
〒150-0021
東京都渋谷区恵比寿西 1-16-8　彰和ビル 2F
TEL:03-3476-5214／FAX03-3476-3772

本書の内容を無断で転載・複製することを禁じます。
落丁本・乱丁本はお取替えいたします。
Copyright© 2008 Il Pleut Sur La Seine Kikaku.Co.,Ltd.
Printed in Japan
ISBN 978-4-901490-21-4

撮影　松原敬子
デザイン・イラスト
　　　小林直子（umlaut）

調理アシスタント
　　　櫻井愛
　　　齋藤望
　　　相羽智加
　　　加藤麻子
　　　長澤若葉

編集　中村方映
　　　工藤和子